JN294591

［新版］
折りびな

田中サタ 著　真田ふさえ 画
三水比文 協力

福音館書店

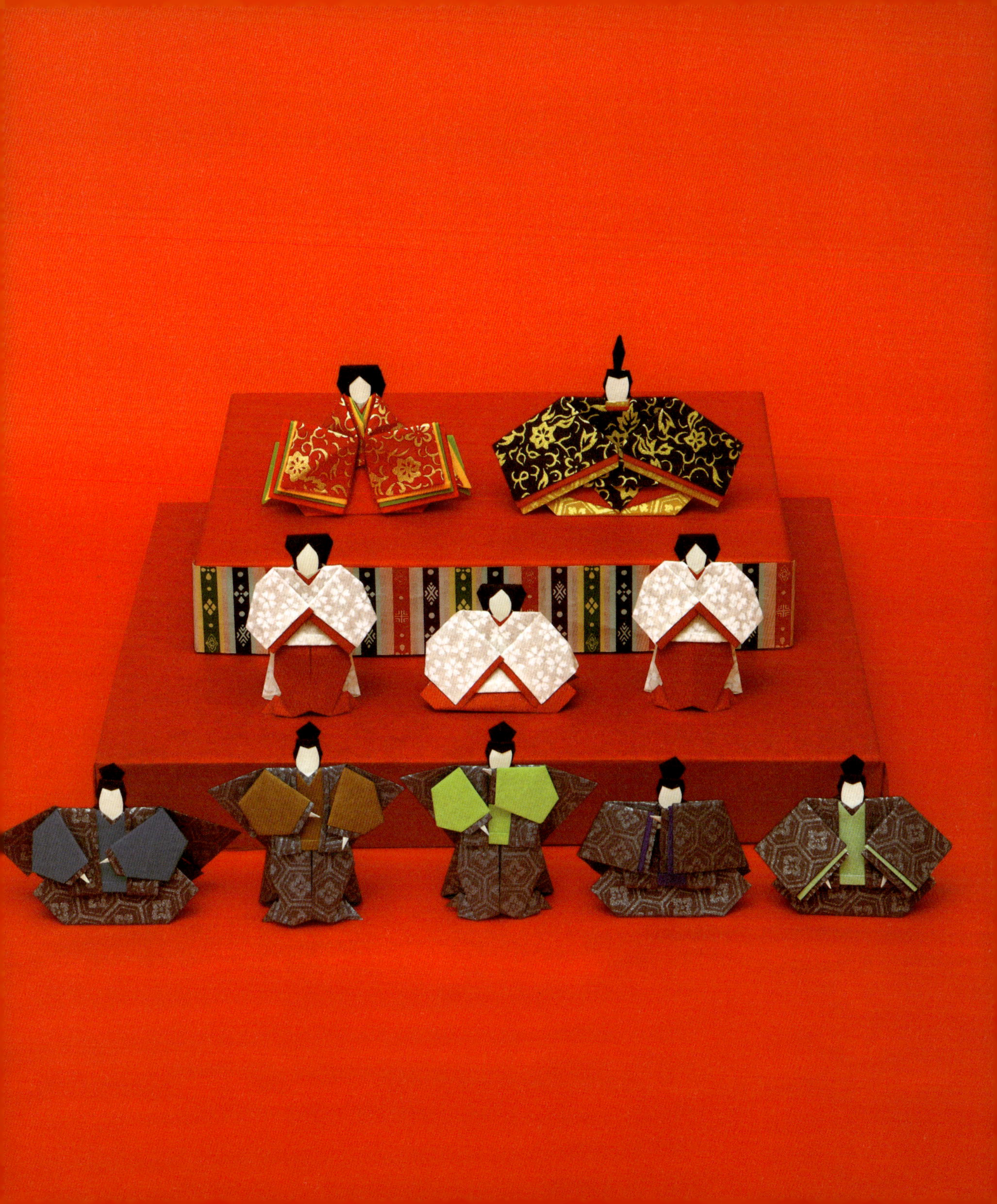

撮影　日置武晴
デザイン　白石良一、坂本 梓
　　　　　（白石デザイン・オフィス）

Preface: Text by Momoko Ishii
©Tokyo Kodomo Toshokan 1969

もくじ

まえがき ──── 6
折るまえに・使うもの ──── 8
折り紙の重ね方
図の約束ごと ──── 9
基礎折り ──── 10

男びな ──── 12
女びな ──── 22
三人官女 ──── 31
五人ばやし ──── 40
たとう ──── 53

あとがき ──── 57

まえがき　石井桃子

　田中サタさんが、ながい間、折っては友だちに分けていらっしゃった美しい折りびなを、私がはじめて手にとったのは、7年前の夏のはじめでした。そのころ、私は外国への旅に出ようとしていましたが、ある日、ある友人が、外国のお友だちへのおみやげになさいといって、平たい、四角い紙の包みを私のひざにおいてくれたのでした。

　その白い厚手の紙の包みのまん中には、朱色の小さい短冊型の紙がはってあり、それに墨でやさしく「折りびな」と書いてありました。それをあけると、中は、みごとな色のとりあわせの日本紙2まいを重ねておった、めずらしいたとうです。そのたとうの、小さい三角の両手（？）をひっぱって、またその中をのぞいたとき、私は思わず「あっ」とさけんでしまいました。世にも美しい折りびなのひと組が、重なってしまわれていたのです。

　私がさけんだのは、そのひなの美しかったためと、もうひとつ。ちょうどそのころ、折りびなの出てくるお話、「三月　ひなの月」を2年かかって書きあげたことがあったからです。私が、話を書きながら、心にえがいていたのは、いつか、古い人形の本で見た紙びなでした。でも、田中さんのおひなさまを見たとき、すぐ私は、これを、私の本のさし絵にお借りしようと心にきめました。そのとき、そのひなが、

私の前にあらわれたことが、ただの偶然とは思われなかったのです。
　やがて、「三月　ひなの月」に、朝倉摂さんが、この折りびなを型どってさし絵をかいてくださると、大ぜいの方から、そのひなは実在するのかというお手紙をいただきました。それから、この本が英訳されて、本が折りびなといっしょに、アメリカ図書館協会の大会の席に陳列されると、ひなの折り方を学びたいという熱心な声が、児童図書館員のなかからおこりました。
　こうして田中さんは、ながい間、ある先生から教えをうけられた、日本に伝わる折りびなの折り方を、一つ一つ図解しながら、説明してゆくという、面倒な仕事にとりかかられたのです。日本人ならともかく、はたして、器用でないアメリカの人たちに折れるものかどうか、おととしの夏には、キリスト教大学教授のミラー博士御夫妻が、実験人になってくださるというひと幕もありました。
　田中さんのご子息の夫人であられる、デザイナーの真田房枝さんが図をかかれ、この本の形をつくってくださったのは、幸いでした。私は、そばから口をだすということしかしなかったのですが、日本に伝わる美しいものを、大ぜいの人につたえる仕事のお手つだいができたことを、たいへんうれしく思っています。
　　　　　　　　　　（1969年初版へのまえがき）

折るまえに

　はじめての方のために、煩雑と見えるまでに一折一折ていねいに図解と説明をしるしましたが、図にしたがって順を追っていけば、たのしみながら折り上がります。

　図解で½とか⅓とか割合を示しましたが、これはあくまで形の標準と折り方の説明のためのものですから、これにとらわれる必要はなく、おわかりになれば自分で手加減をして品よくかわいらしく作ってください。

　はさみは入れますが、断ち落としはしないたてまえですけれど、男びな女びなと、三人官女、五人ばやしの全体の形の調和をとるためにやむをえず一部分（袖など）裁ち落としたところがあります。

　紙には、たて、よこがありますから、折りはじめに幾枚も重ねるとき、たてよこがいりまじらないように注意して重ねます。紙の裏を見るとわかりやすいです。

使うもの

折り紙
正方形のうす手の和紙で折ります。
白（顔）、黒（頭）と、装束は色とりどりの無地と模様の紙を美しく重ねて折ります。小形ほどかわいらしく、また男びな・女びなより三人官女・五人ばやしの紙をなお1割ほど小さくします。
著者は、男びな・女びなは9.5センチ四方、三人官女・五人ばやしは8.2センチ四方の紙をセットにして用いています。
はじめての方は、15〜12センチ四方くらいの紙で折ってごらんになるとよいと思います。

はさみ
先のよく切れる小ばさみを用意してください。
和ばさみも使いなれた方にはよいものです。

ピンセット
細かいところを折るのに使います。
先のとがったものを用意してください。

細い編み棒など
顔の輪郭を描いたり、しるしをつけるのに用います。
鉛筆は紙がよごれるので使いません。

折り紙の重ね方

男びな（5枚）
- 白（顔）
- 黒（頭）
- 袴（指貫）
- 下着
- 上着

女びな（6枚）
- 白（顔）
- 黒（頭）
- 袴
- 下着
- 中着
- 上着

三人官女（4枚）
- 白（顔）
- 黒（頭）
- 袴
- 上着

五人ばやし（5枚）
- 白（顔）
- 黒（頭）
- 袴
- 下着
- 上着

図の約束ごと

- 山線
- 谷線
- これから折る線
- これから切り込む線
- 表
- 裏

基礎折り

どのひなも、まず基礎折りをしてから折りはじめます。
すわっているひなと、立っているひなと、2通りの折り方があります。

A すわっているひなの場合
男びな　女びな　三人官女(1体)　五人ばやし(3体)

1 9ページのように折り紙を順に重ね、よこに2つに折ります。
（図では1枚の紙のようにかきましたが、全部重ねて折ります）

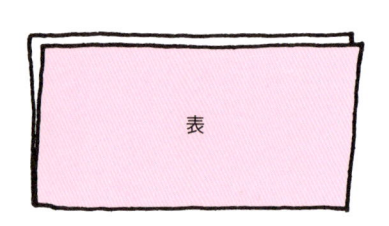

2 ひらいて、こんどはたてに折りめをつけます。

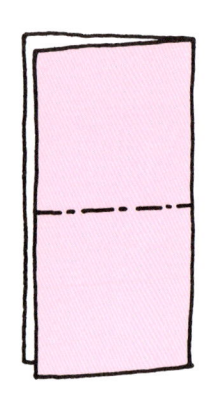

3 またひらいて三角に折ります。

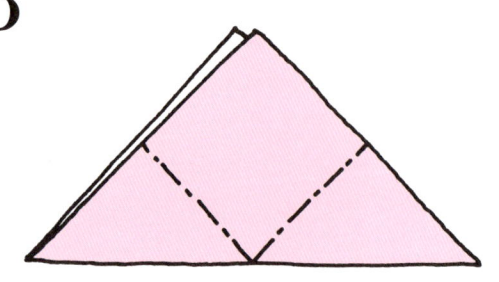

4 ひらいて、たてに三角にし、中心から一方だけに折りめをつけます。

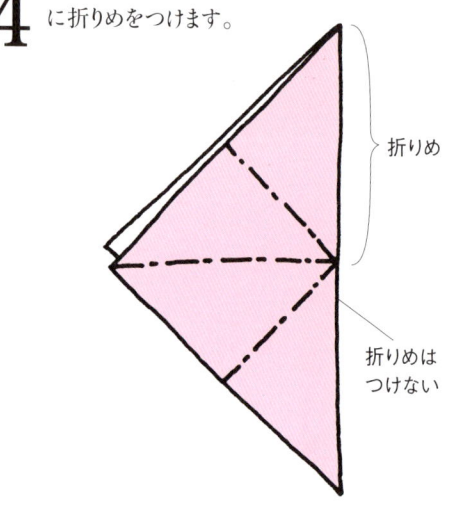

折りめ
折りめはつけない

5 ひらくと下のような折り線がついています。すわっている人形はすべてこの基礎折りをしてから作りはじめます。

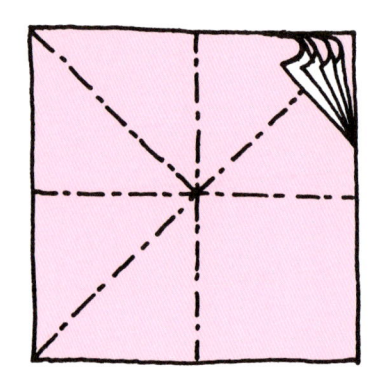

B 立っているひなの場合

三人官女（2体）　五人ばやし（2体）

1 折り紙を順に重ね、よこに2つに折ります。

2 ひらいて、たてに折りめをつけます。

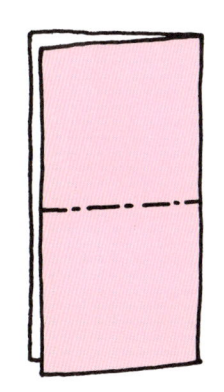

3 またひらいて、たてに三角に折ります。

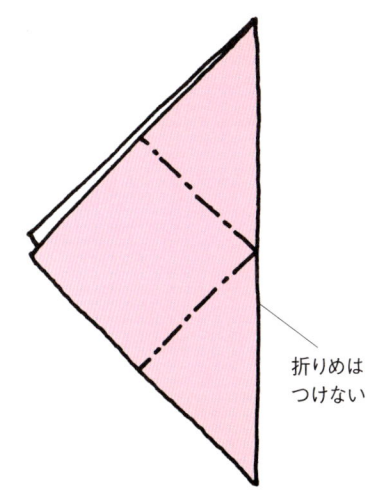

折りめはつけない

4 ひらいて、こんどはaをa´の位置に合わせて折ります。

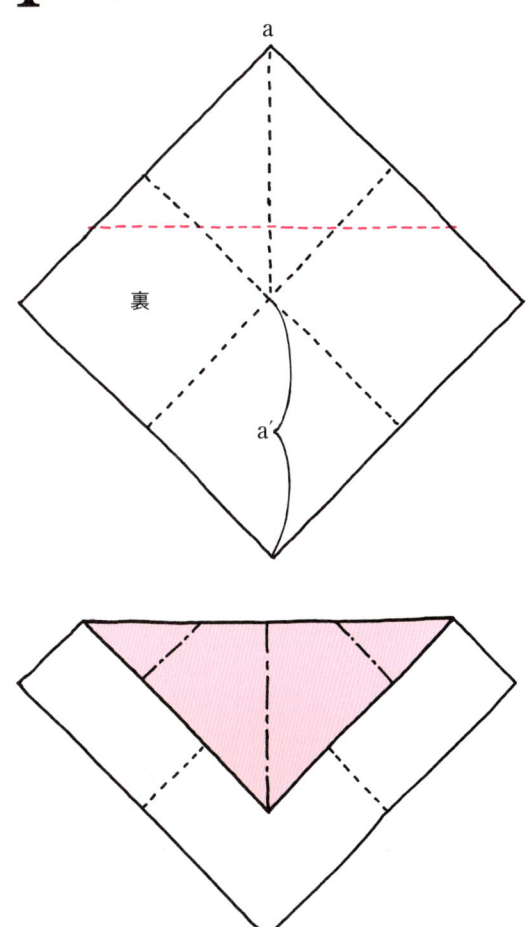

11

男びな

男びなは5枚で作ります(P.9)。
基礎折りA(P.10)をします。

1 衿の切り込みを入れます。(前身頃に)
5枚重ねたまま三角形に折り、赤線のように切れめを入れます。これが衿あきになります。(3ミリ対2ミリぐらいに切り込みを入れます)

前身頃
← 切り込む
後身頃
(折りめをつけていない方)

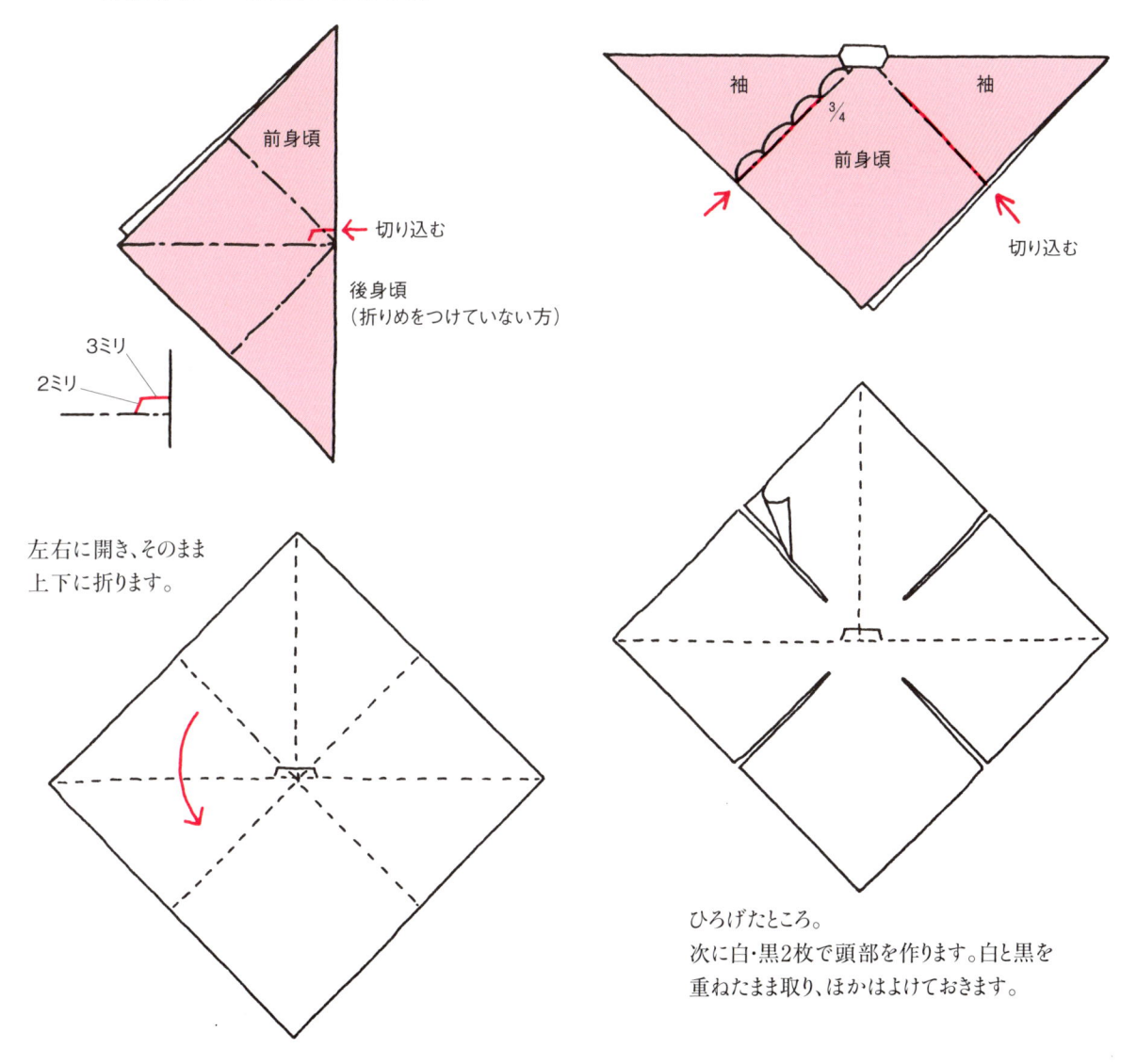

3ミリ
2ミリ

2 赤線を切り込むと、身頃と袖になります。

袖　袖
3/4
前身頃
切り込む

左右に開き、そのまま上下に折ります。

ひろげたところ。
次に白・黒2枚で頭部を作ります。白と黒を重ねたまま取り、ほかはよけておきます。

男びな 13

3 頭部

頭部はかならず後身頃で作りますから、衿あきの向きに注意してください。
裏を向けて、2枚重ねたまま、下の図のように折ります。

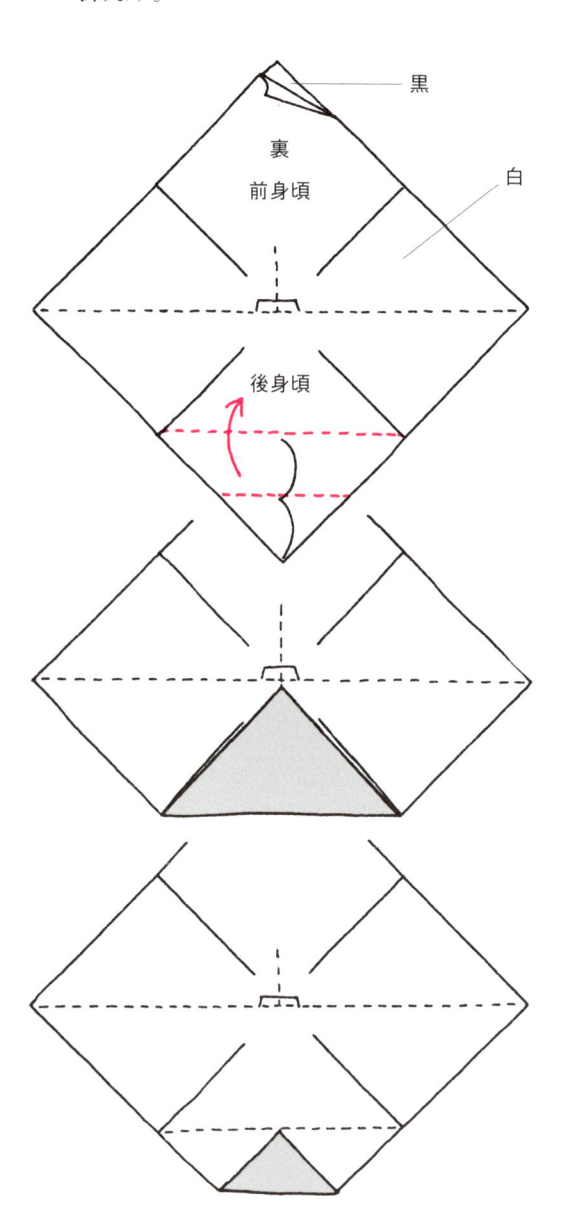

黒
裏
前身頃
白
後身頃

4

次に3等分して三角にたたみます。

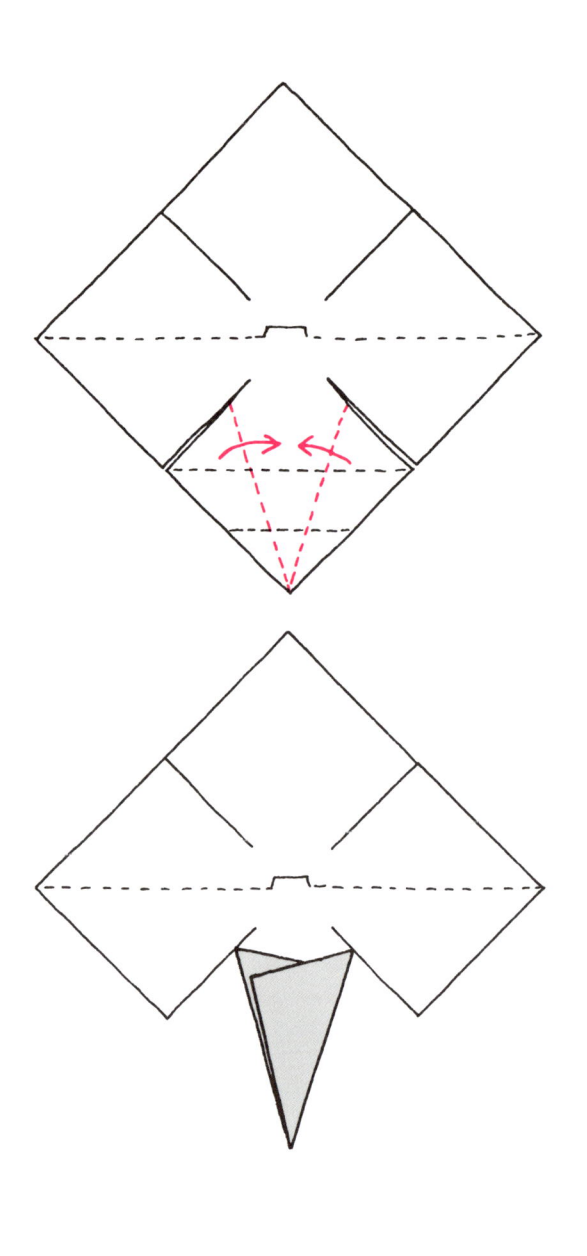

5 白と黒を離して、白だけを表に返して、三角の部分で顔を作ります。

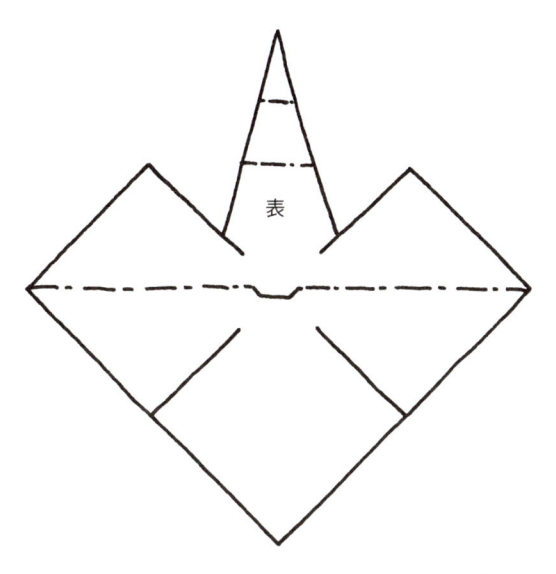

表

顔の形は好みによりますが、およその輪郭を示しますから、このように編み棒で線をつけてください。（鉛筆はよごれるので使いません）その線を切り込みます。

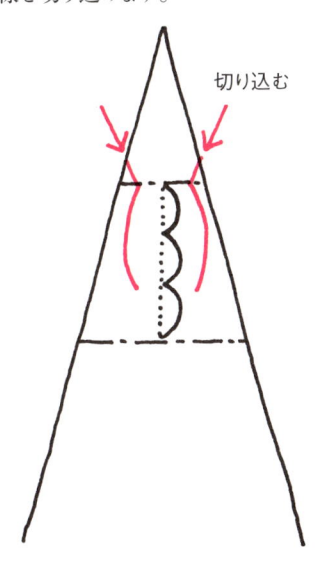

切り込む

6 切り込みで離れた部分を、少し肩をいからすように前に折ります。

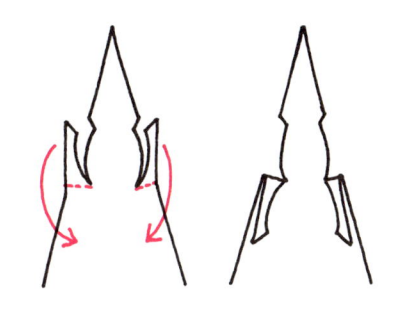

7 さきほど別にした黒をたてに2つに折り、心もち斜めに切り込みを入れます。

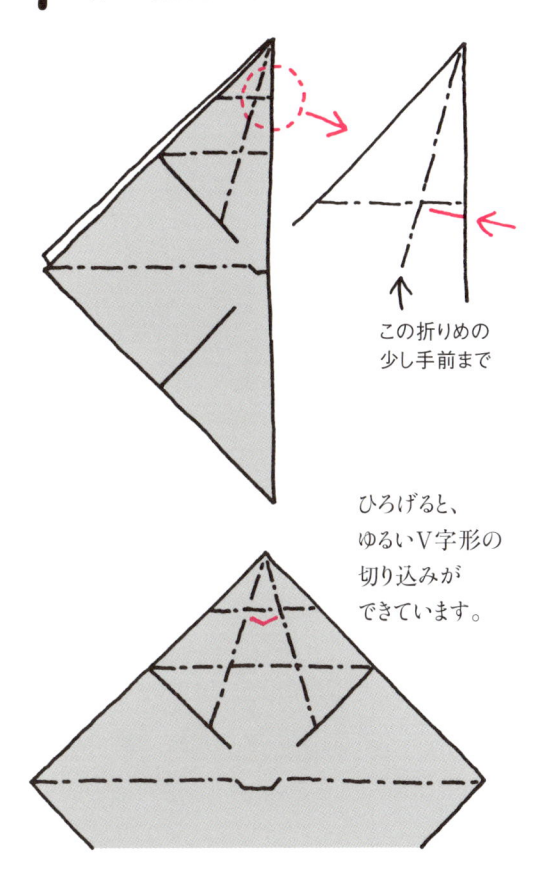

この折りめの少し手前まで

ひろげると、ゆるいV字形の切り込みができています。

男びな 15

8 この切り込みに、白で作った顔の先端を表からさし込みます。

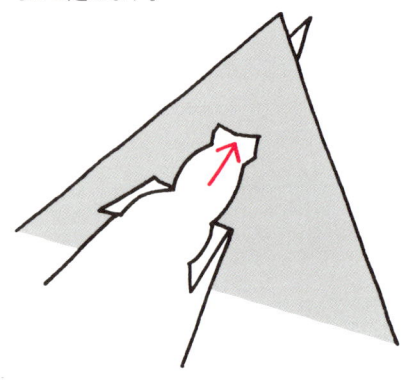

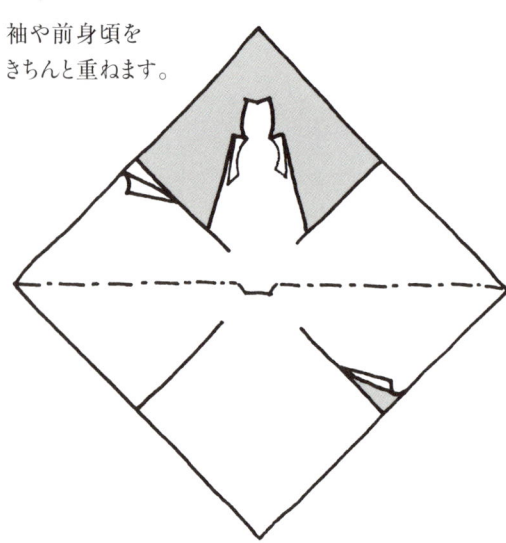

袖や前身頃をきちんと重ねます。

9 顔の左右の黒を折りめどおりに後ろへ折ります。

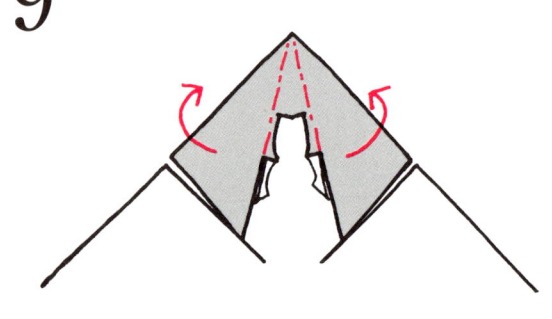

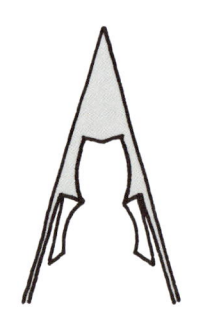

10 鬢(ひたいの左右)を残して顔の左右の黒に切り込みを入れ、離れた三角の部分を白の切り込みと一緒に後ろへ折ります。

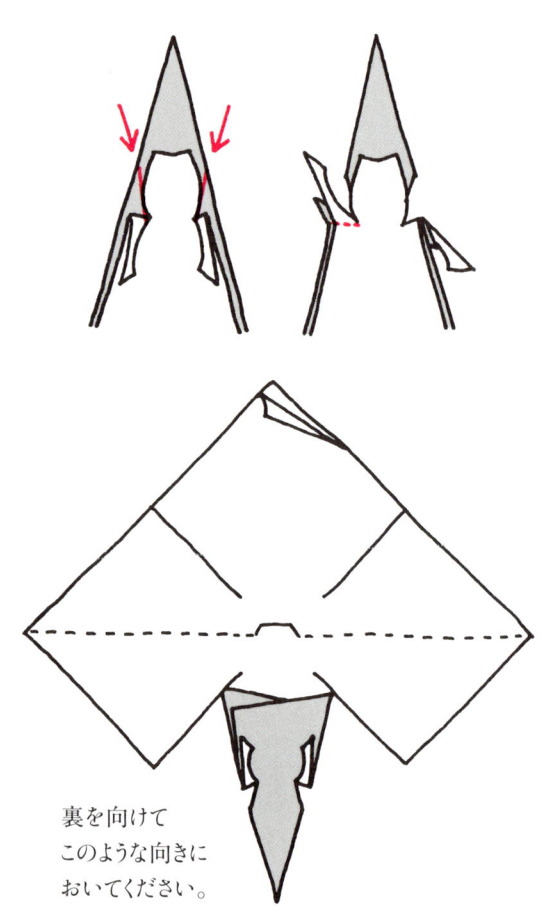

裏を向けてこのような向きにおいてください。

11 頭を持ち上げ、いかり肩の先を肩の線に合わせて折りめをつけてから、頭の先端を衿あきにさし込み顔を出します。

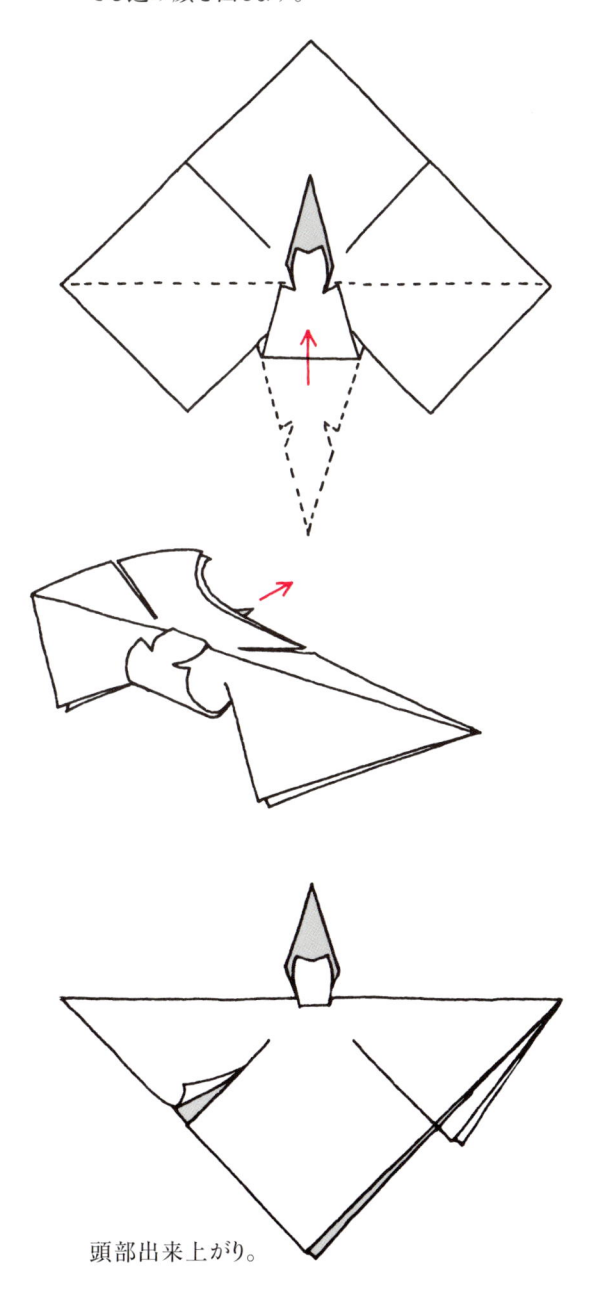

頭部出来上がり。

〈着付け〉
着付けは袴、下着、上着の順で1枚ずつ着せます。

12 袴
衿あきの前後に注意し、そのまま頭からかぶせて着せます。（少々きついくらいが着せたときにきれいです）

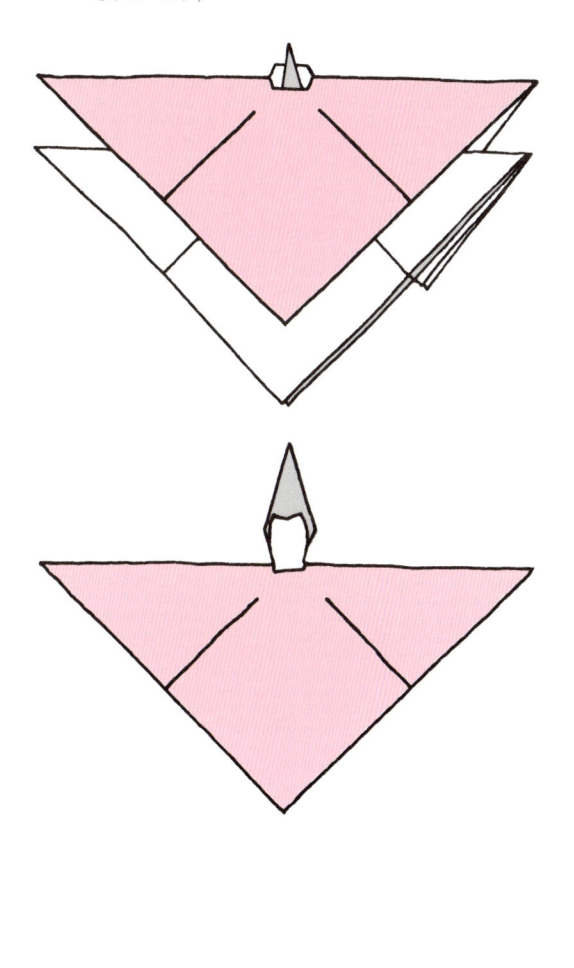

男びな 17

13 下着

裏を向けておき、衿あきと前袖口を図のように細く折り返してください。(1〜2ミリ。ピンセットを使うとやりやすい)

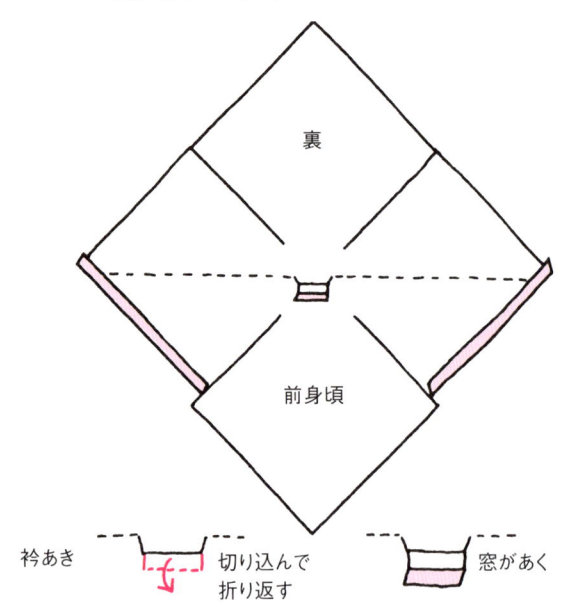

裏

前身頃

衿あき　切り込んで折り返す　窓があく

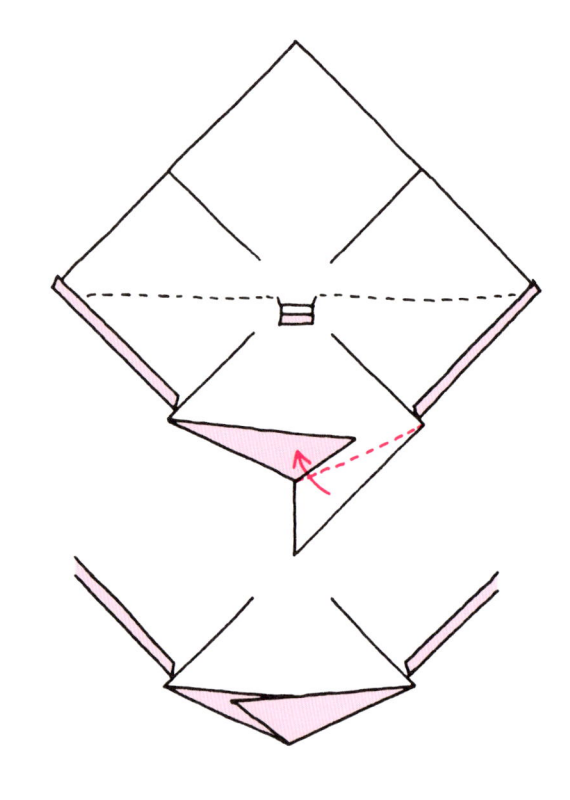

14

次に前身頃に切り込みを入れ、左右から折り上げます。

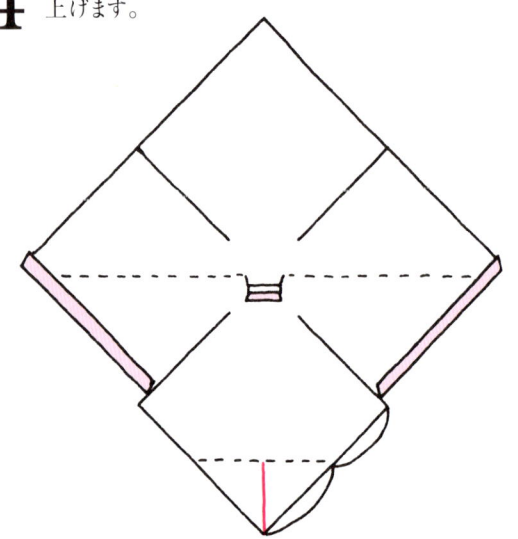

15

では、これをさっきの袴の上に着せましょう。着せ方は前と同じく頭からかぶせます。

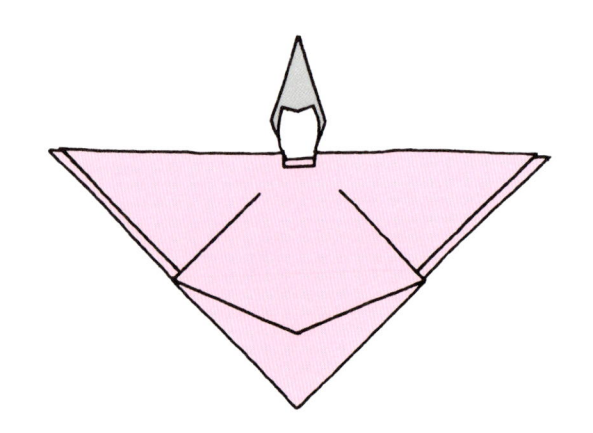

16 上着

下着のときと同じように衿あきと袖口の折り返しを作ります。（3ミリくらい）
前身頃も図のように折ります。

1辺の¼よりやや長めにとる。（約1.5センチ）

折りめをつけます。

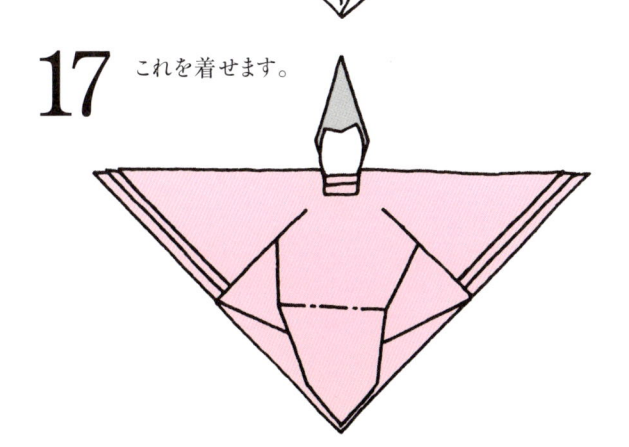

17

これを着せます。

18

さっきの2分の1の折りめをつまみ、aを下着の裾の頂点に合わせ、ひだをとるように折り込みます。

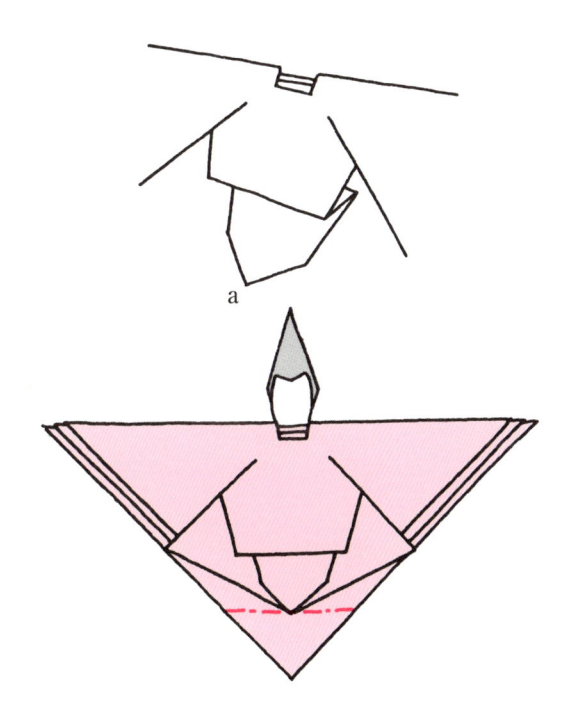

a

19

前裾3枚、後裾3枚を赤線でそれぞれ内側に折り込み、すわった形にします。

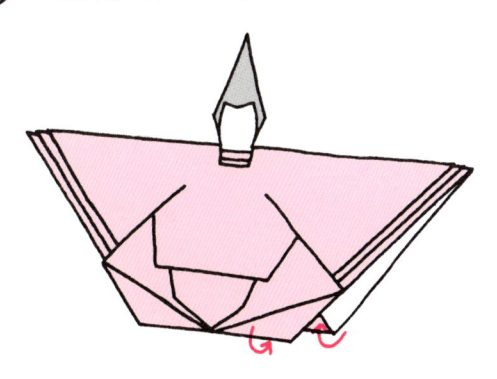

男びな 19

20 肩線の3等分弱を肩幅とし、左右の袖を折り合わせて、折りじるしをつけます。

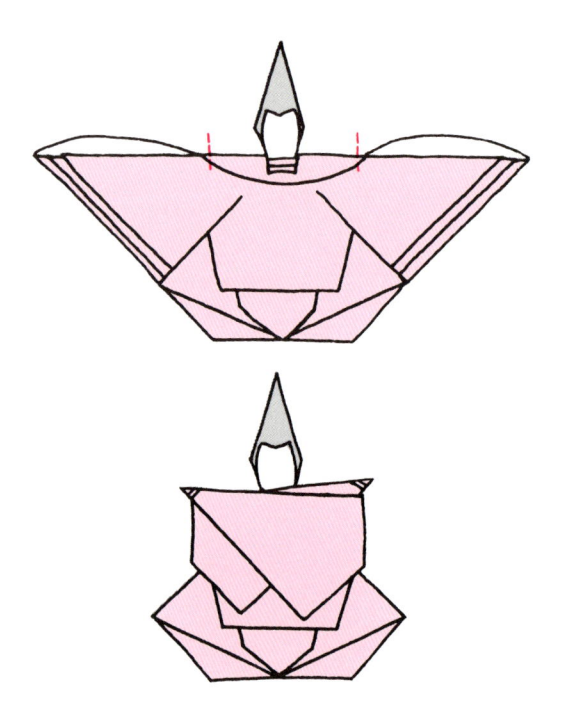

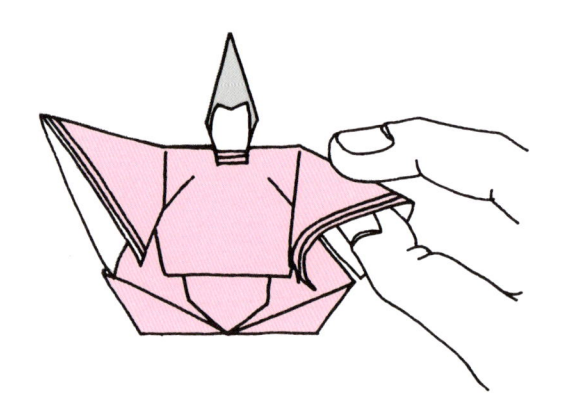

aの部分を胸の中央bの少し先まで持って行き、形を整えて折りつけます。両方とも同じです。

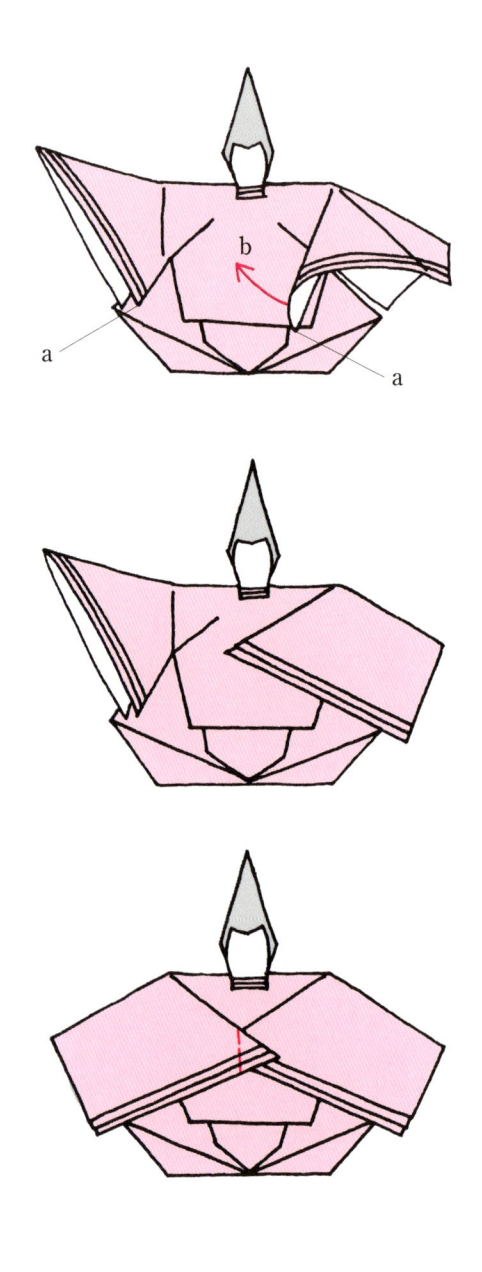

21 袖の中央へ親指を入れ、人さし指で袖山をつぶすようにして、ひろげます。

22
重なった袖先を、それぞれ内側に折り込んでつき合わせます。

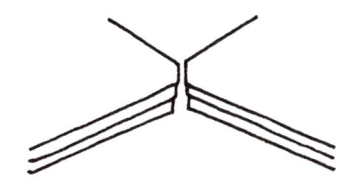

23
赤斜線の部分を切り取り、冠の形にします。

男びな出来上がり。

男びな 21

女びな

女びなは6枚で作ります。(p.9)
男びなと同様、基礎折りA(p.10)をします。

1 基礎折りがすんだら、衿の切り込みを斜めに入れます。

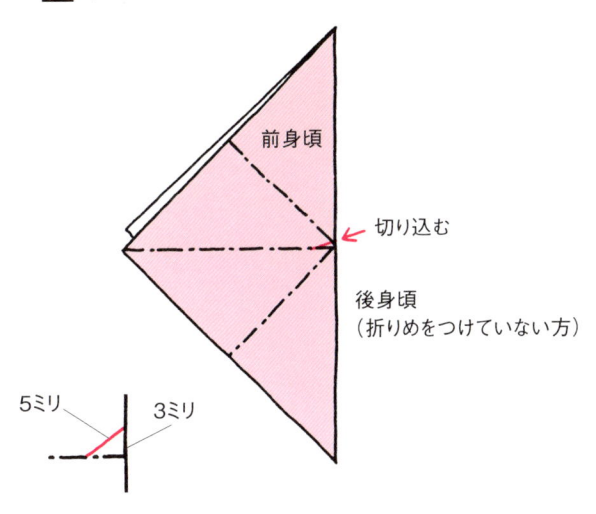

前身頃
切り込む
後身頃（折りめをつけていない方）

5ミリ　3ミリ

2 左右にひろげ、上下に折り、袖の切り込みを入れます。

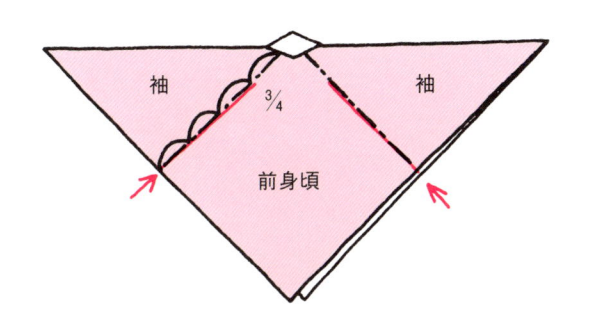

袖　3/4　袖
前身頃

3 頭部
白と黒の2枚を重ねたまま取り、後身頃で頭部を作ります。（衿あきの向きに注意）
まず図のように後身頃に折りめをつけます。

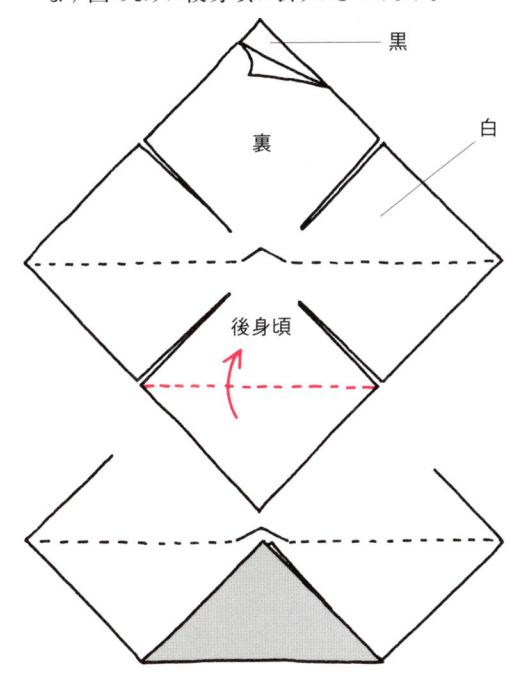

黒
裏
白
後身頃

4 いったんひろげて左右から中央へ向けて折ります。

女びな 23

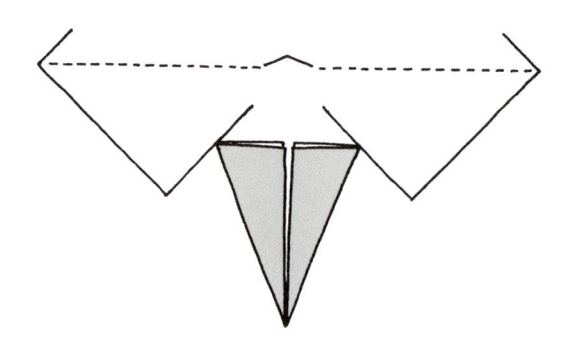

5 白だけ取り、表を向けて、編み棒などで頭の形をしるします。
男びなより少し小さく細めにします。

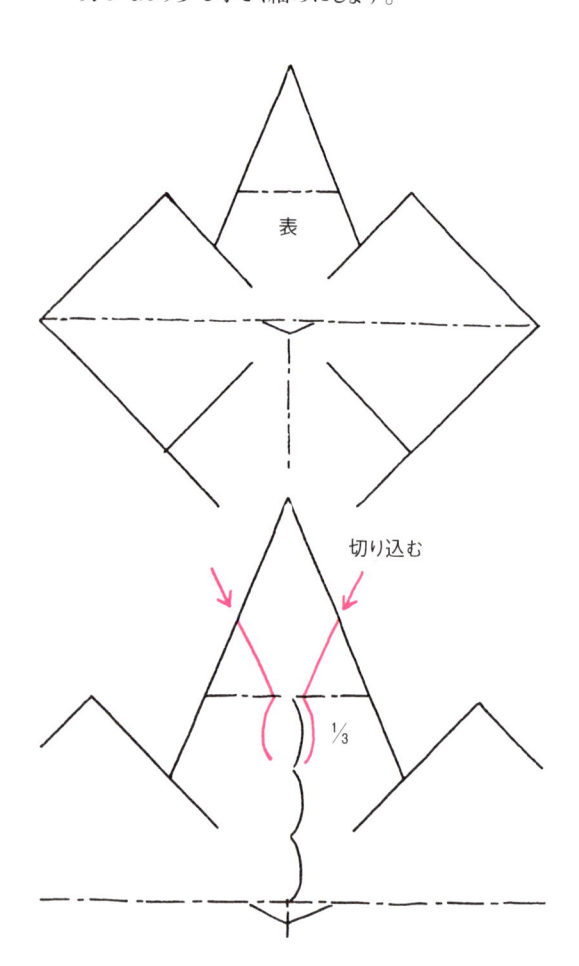

6 切り離した左右の部分を手前に折ります。

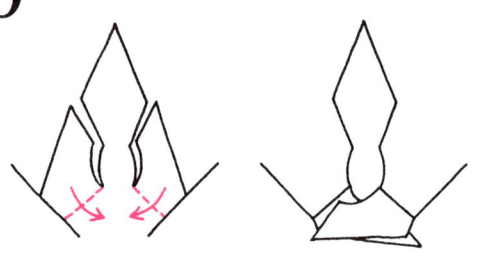

7 次に頭の先を後ろ側で細く折っておきます。

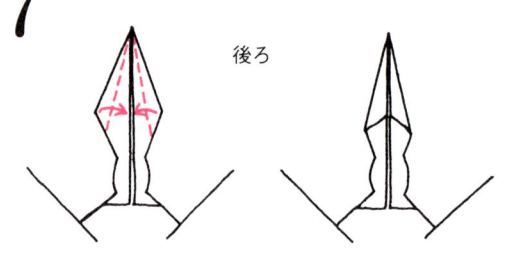

後ろ

8 黒をたて2つ折りにし、白の中心線に合わせて重ね、頭の形をよく見て赤線に切り込みを入れます。（ひたいのたれ髪になります）

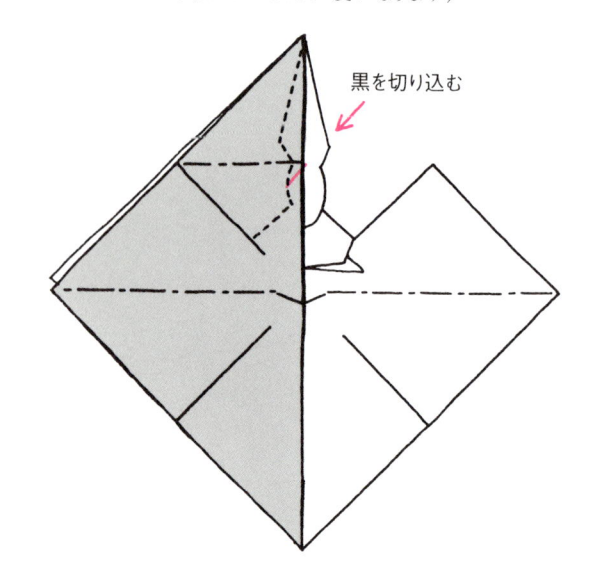

黒を切り込む

切り込む

1/3

表

9 黒をひらいて、表からその切り込みに、白の先端をさし込みます。

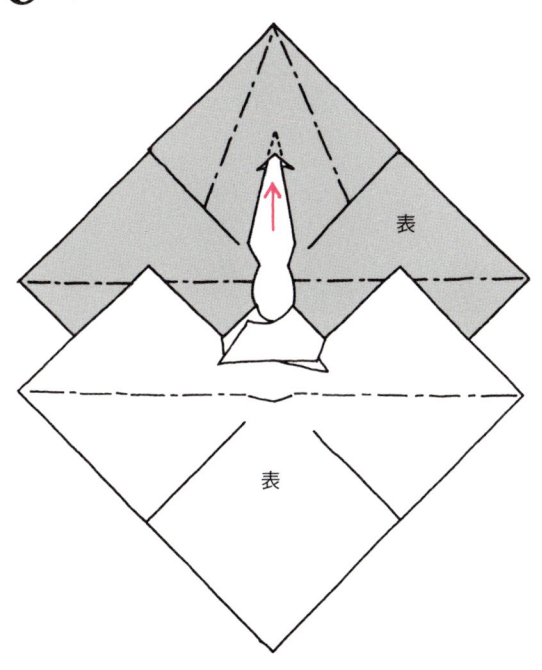

表

袖や身頃を2枚きちんと重ねます。

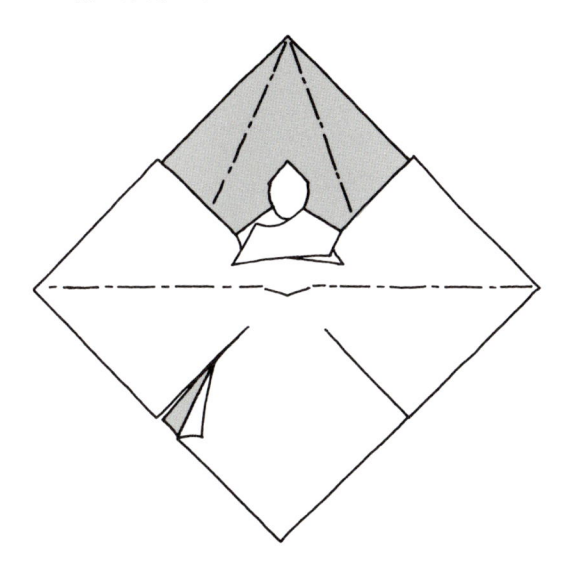

10 裏を向け、さし込んだ白をひろげてから左右の黒で、それをつつむように折ります。

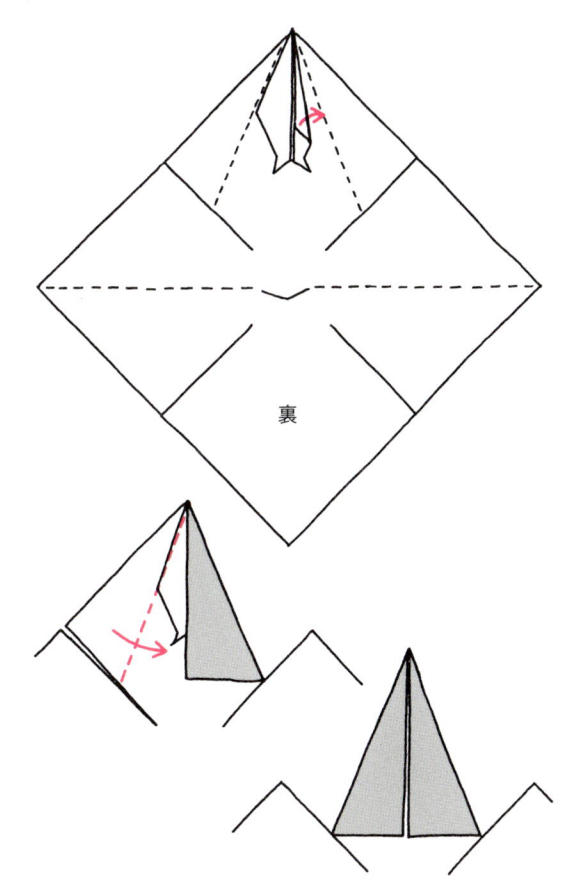

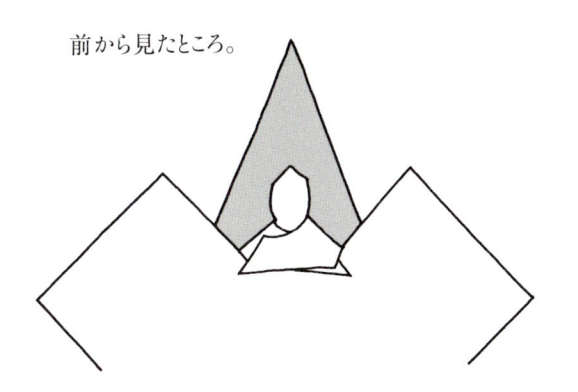

裏

前から見たところ。

女びな 25

11 黒の紙を首のところまで、水平よりやや斜め上から切り込み、後ろ側で上部・下部とも赤の点線にそって折り合わせます。

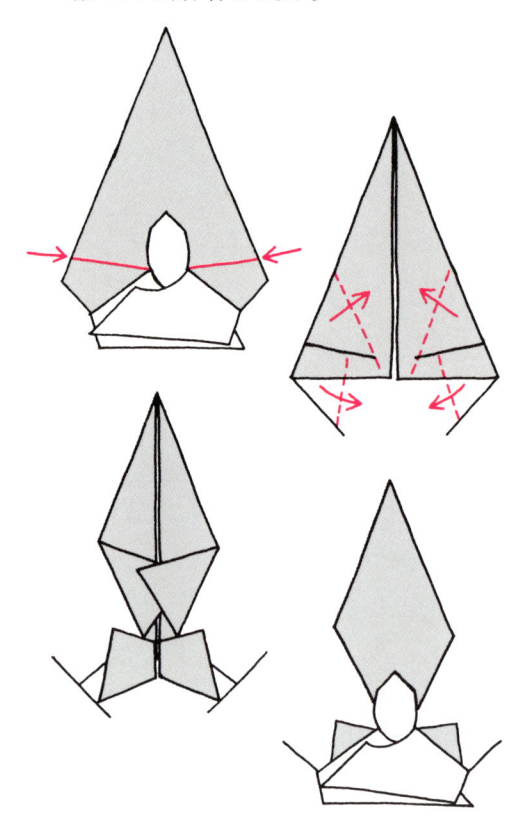

12 衿あきに通すため、頭を再び細く折っておきます。

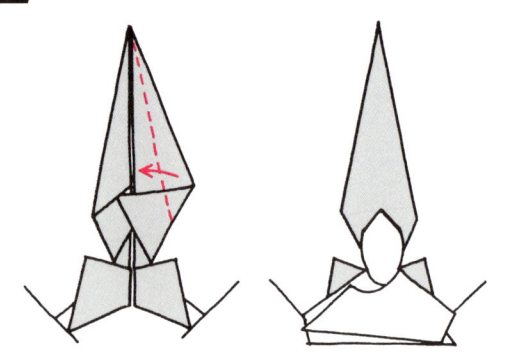

13 裏を向けて頭を手前にし、頭を持ち上げて、首の左右に見えている黒三角の先を肩線に合わせて折りめをつけ、男びなのときの要領で頭を衿あきにさし込みます。

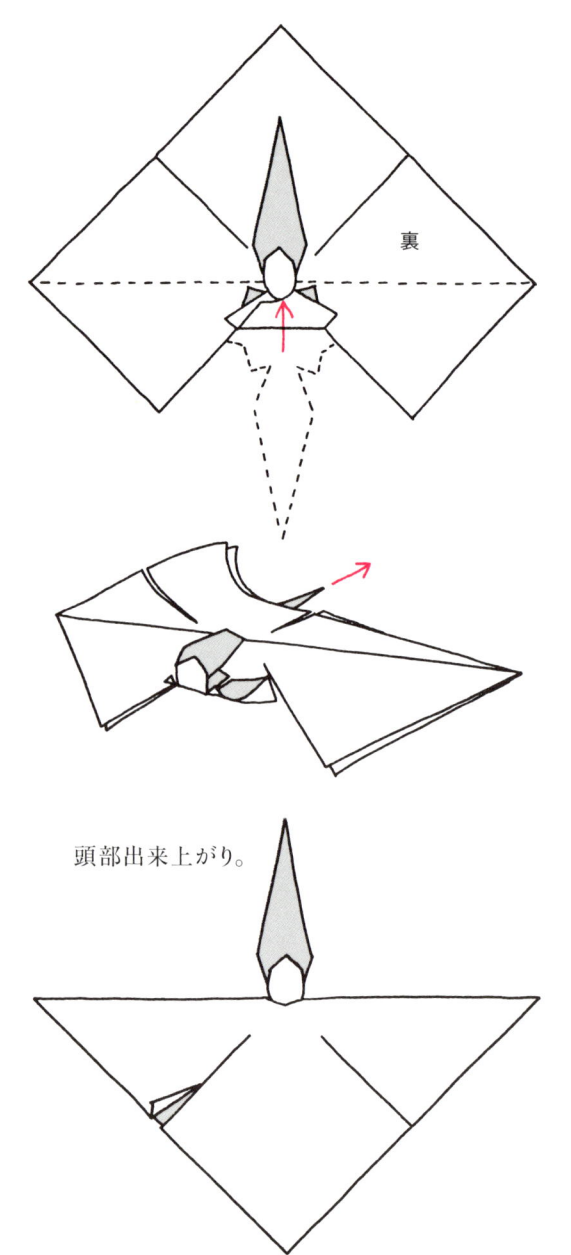

裏

頭部出来上がり。

〈着付け〉 着付けは、やはり男びなと同様、1枚ずつ着せていきます。

14 袴
衿あきを図のように作ります。

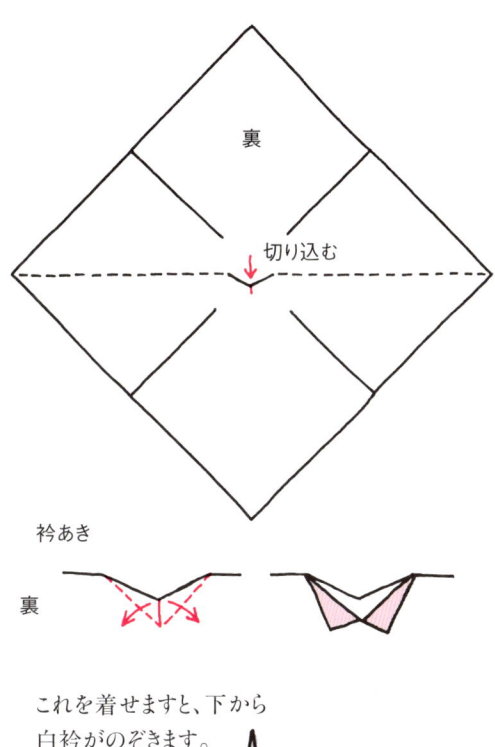

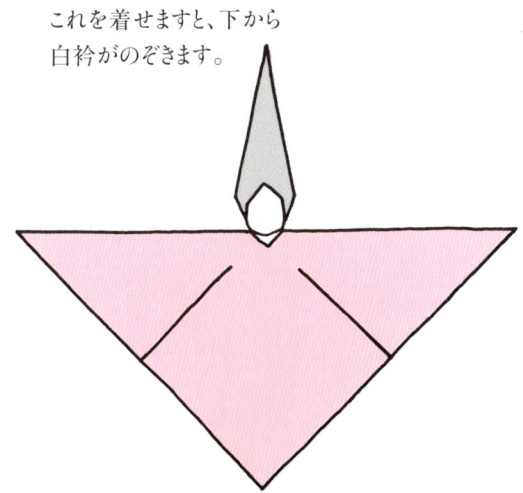

裏

切り込む

衿あき
裏

これを着せますと、下から白衿がのぞきます。

15
のこりの3枚は、重ねたまま、前身頃の中心線を切り離します。

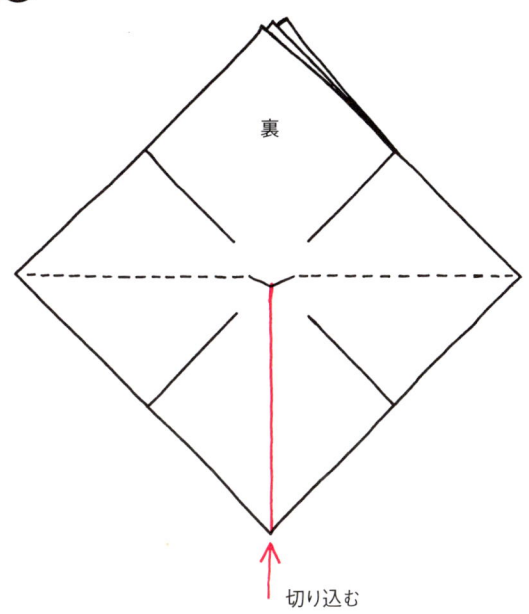

裏

切り込む

16
次に大体1/4のところで図のように折りめをつけます。(左右とも)

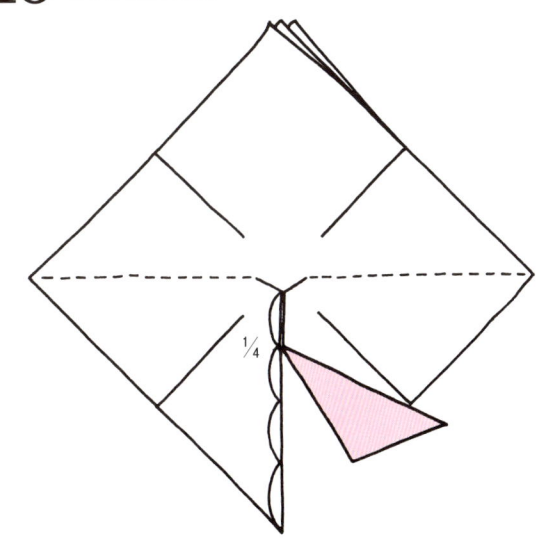

1/4

女びな 27

17　下着

内側の1枚だけをとります。まず衿と袖口（2辺とも）と後裾（うしろすそ）を細く（1〜2ミリ）折り返してください。

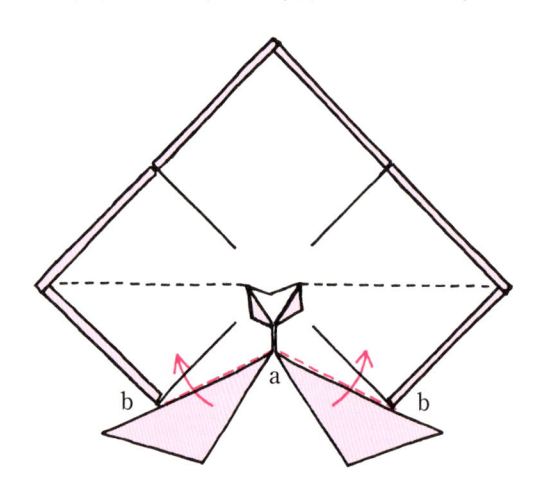

前身頃を、a−b線にそってもう一度、巻くように折り上げます。

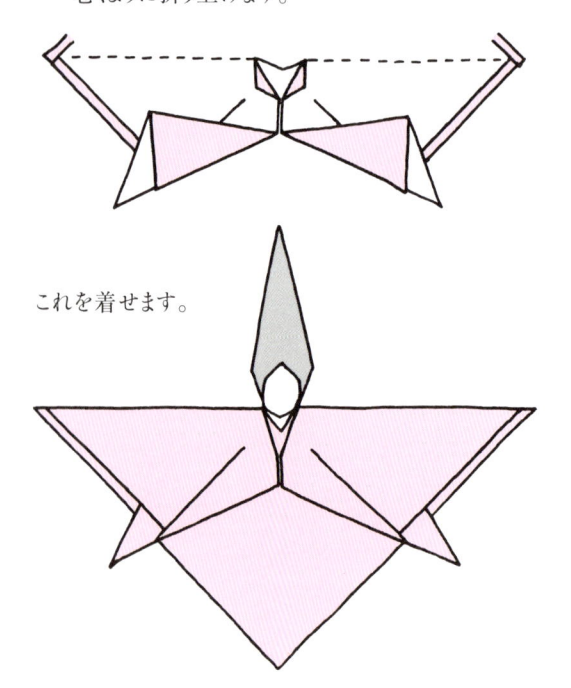

これを着せます。

18　中着

衿あきと袖口と後裾を、下着のときよりやや深く折り返します。

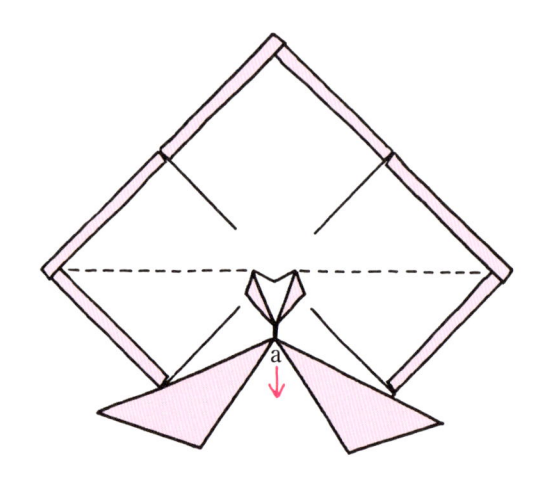

次に前身頃のaを、5ミリほど下へずらしてから、下着のときと同じ要領で、巻き折りをします。

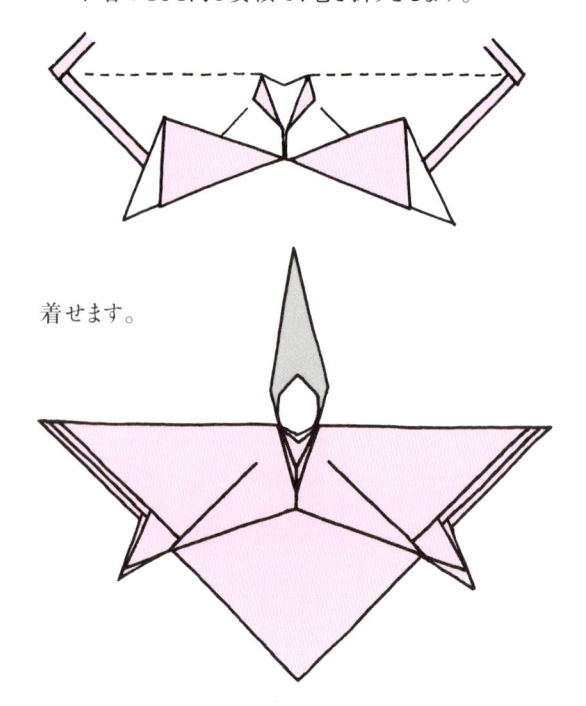

着せます。

19 上着

同じく衿あきと袖口と後裾を、さらに深く折ってから、

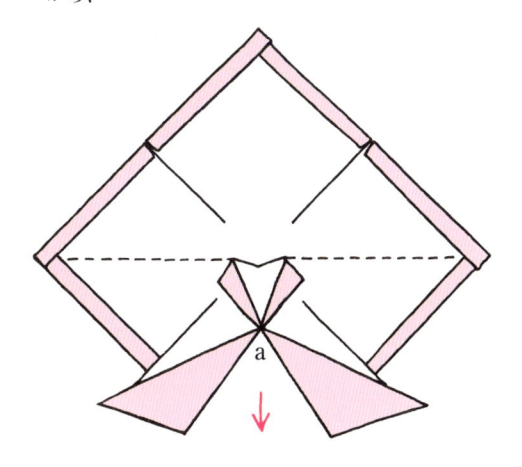

aをやはり、中着よりさらに5ミリほど下へずらしてから巻き折りをして、着せます。

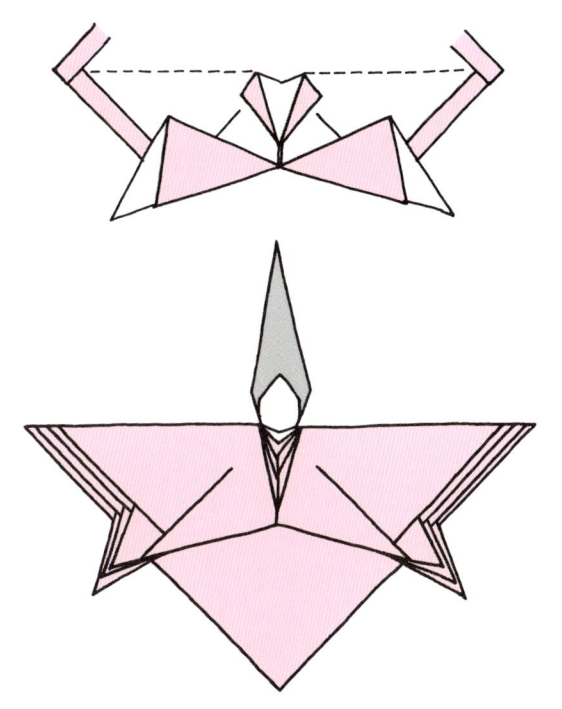

20

脇の重なった三角をまとめて袖の後ろへ出します。

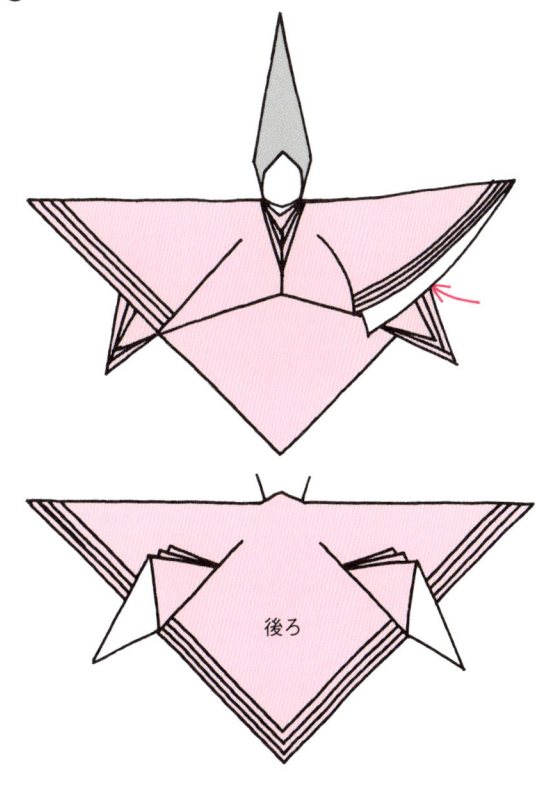

後ろ

21

次に裾を赤線の位置で、後ろ側へ折り返します。

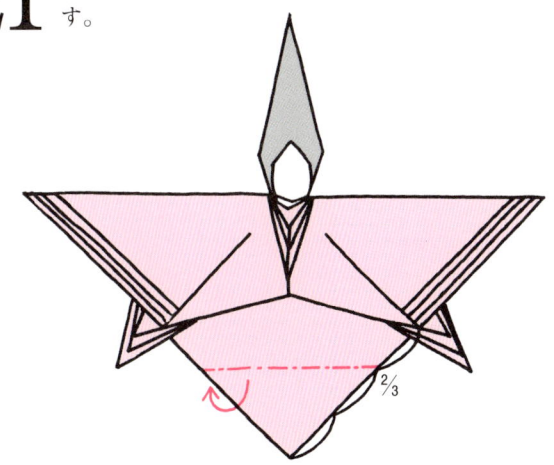

2/3

女びな 29

22 その裾の前半分を内側に入れ、しっかり折り込みます。

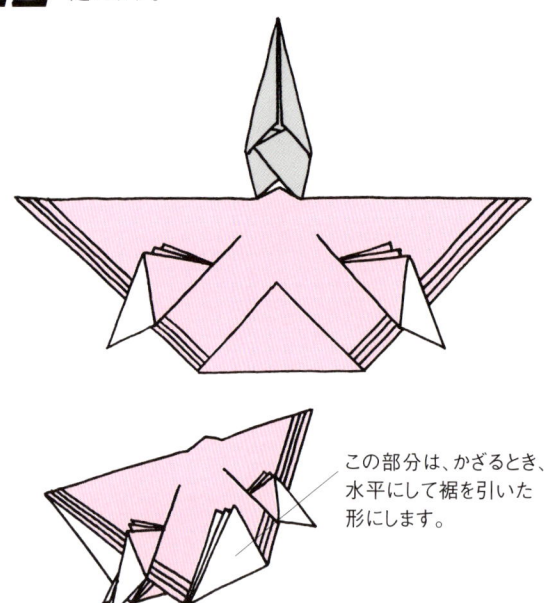

この部分は、かざるとき、水平にして裾を引いた形にします。

23 細くしてあった頭部を一段ひろげ、おすべらかしの形に作ります。

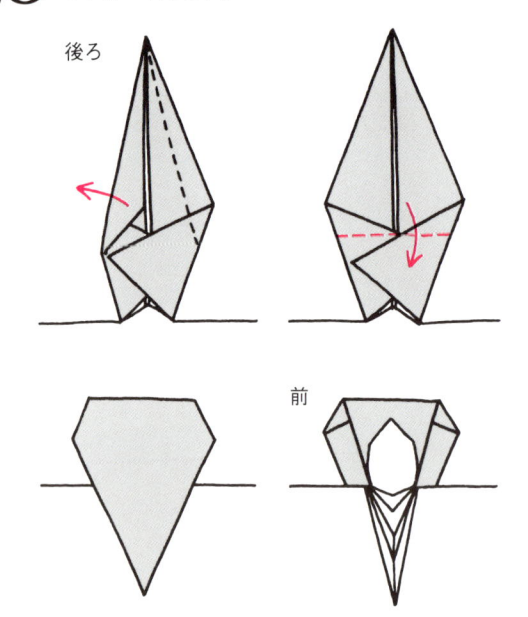

後ろ

前

24 首から少し離れたところから袖を折り下げて、交わった点（a）を角にして、袖を四角形になるよう、ひろげて折ります。

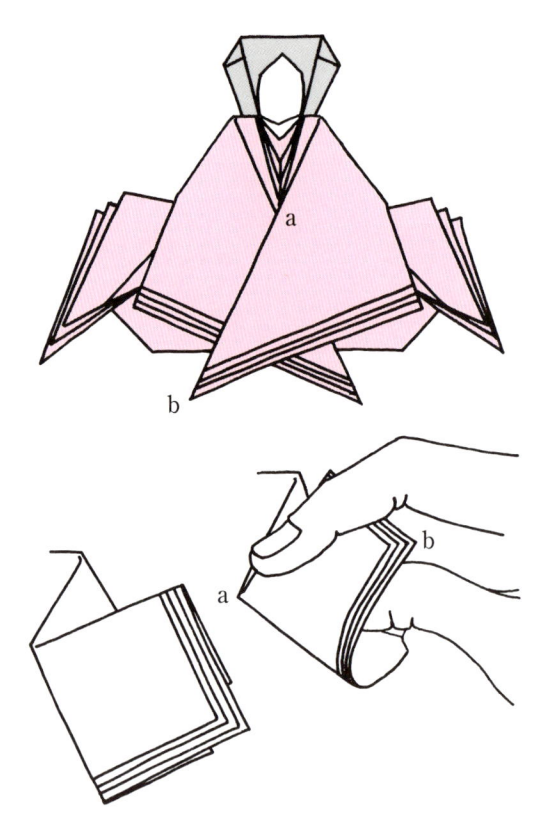

両袖がこのように折れましたら
出来上がりです。

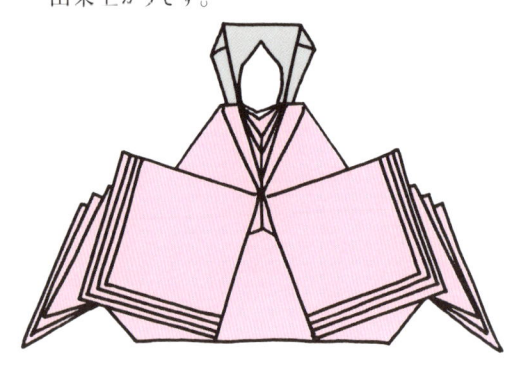

三人官女

三人官女は4枚で作ります。(p.9)
男びな女びなより、ひとまわり小さな紙で作ると、
形の上で全体のバランスがとれます。

すわっている官女
4枚を重ねて(p.9)基礎折りA(p.10)をします。

1 衿と袖の切り込みは女びなと同じです。
（p.23 **1,2**）

裏

後身頃

2 4枚重ねて横2つ折りしたまま袖を少し裁ち落
とします。（衿から袖先までの1割くらい）
これは立っている官女との姿のつり合いをとる
ために袖を少し小さくするのです。

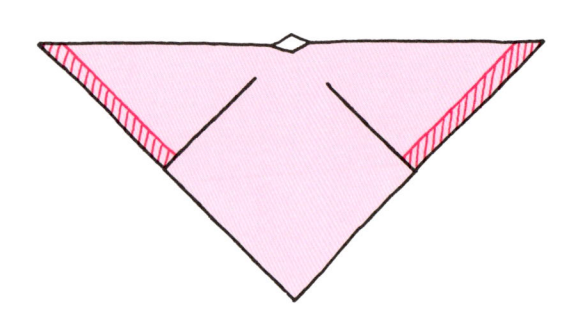

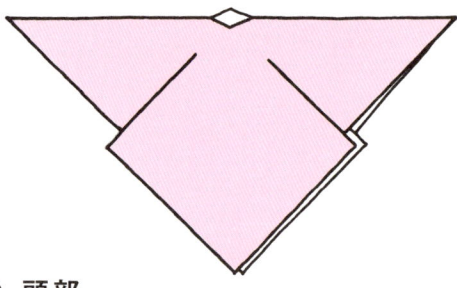

3 頭部
白・黒2枚の後身頃で頭部を作ります。まず①
を折り、ひらいて②の線を折ります。(p.23 女
びな**3〜4**参照)

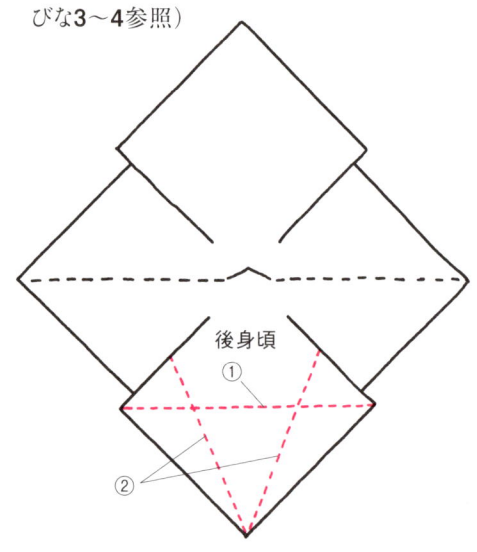

後身頃
①
②

4 白だけ取って表を向け、顔を作ります。女びな
と同じです。(p.24〜26 女びな**5〜13**)

頭部出来上がり。

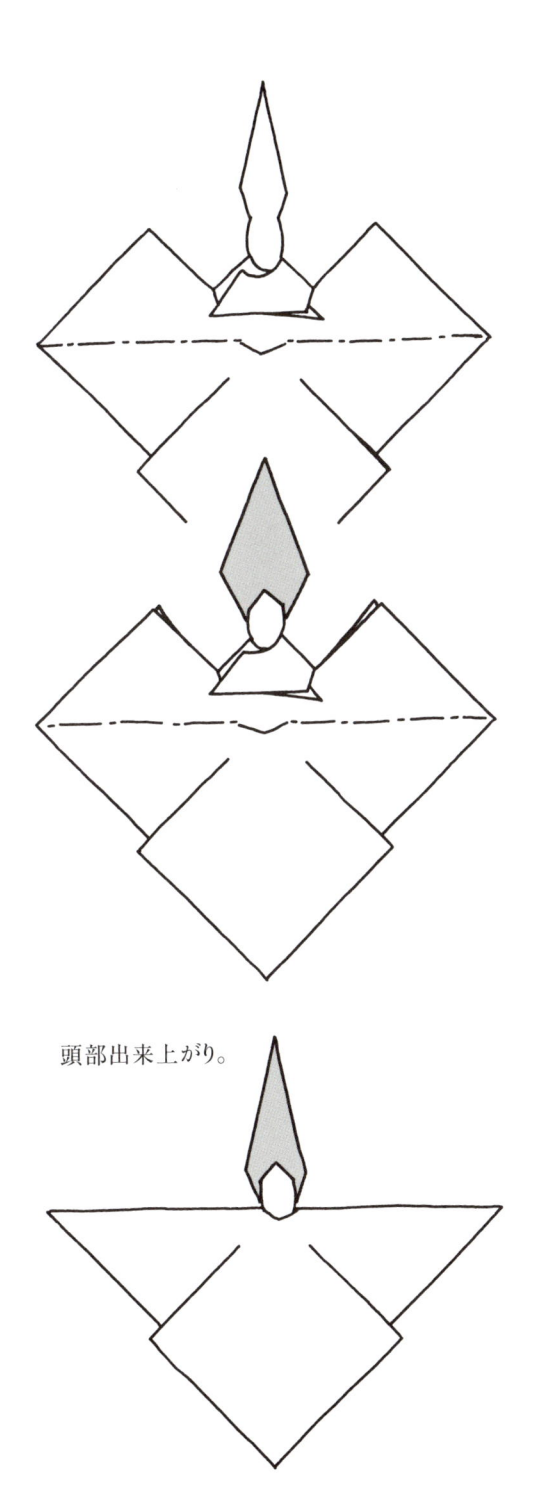

〈着付け〉

5 袴(はかま)

そのまま頭の先をくぐらせて着せます。

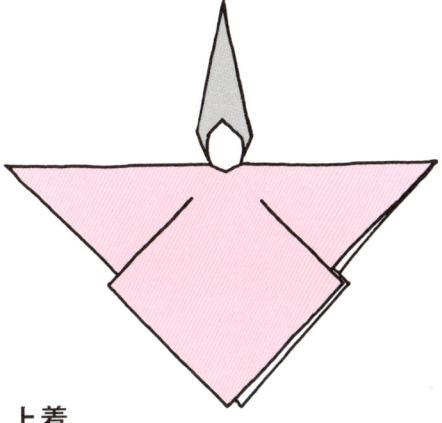

6 上着

前身頃を図の順に折ってください。切り込みを入れた衿あき(p.27 女びな14参照)と、袖口(1辺のみ)を折り返します。

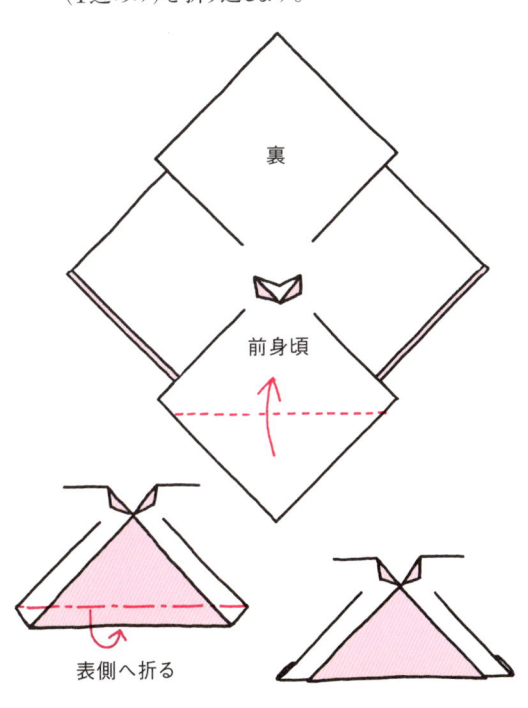

裏
前身頃
表側へ折る

三人官女 33

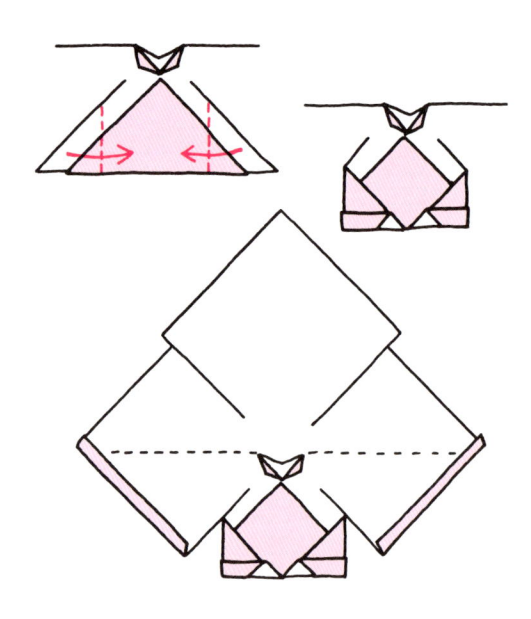

7 これを着せて頭をおすべらかしになおします。

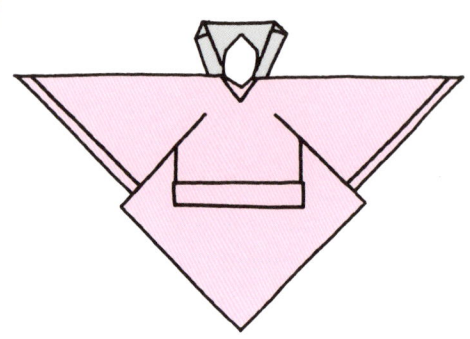

8 裾を前3枚、後ろ2枚、それぞれ内側へ折り込みます。

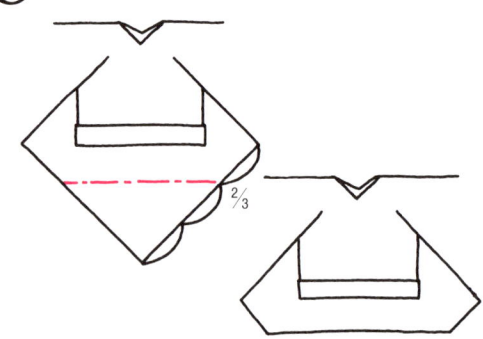

9 肩の位置を首から袖先の1/3くらいに取り、袖を斜め前へ折り下げてから、袖山をつぶすようにして四角形にひろげます。両袖が前で少し重なります。

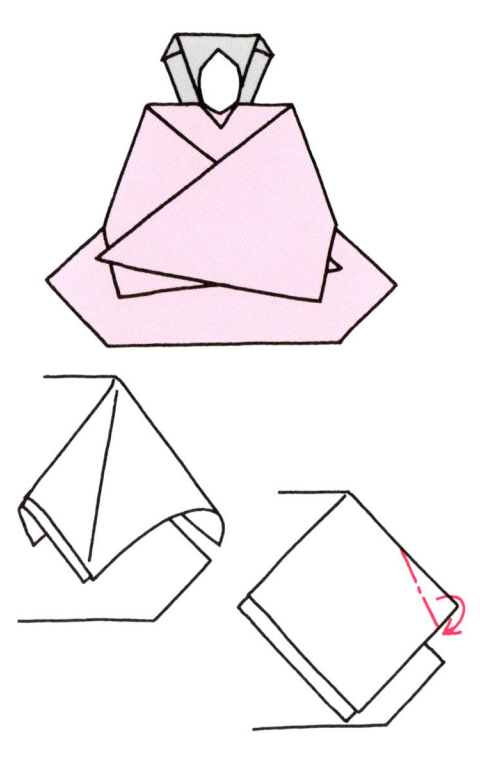

10 袖の左右の端を少し後ろへ折って出来上がりです。

立っている官女

4枚を重ねて基礎折りB(p.11)をします。

11 ひらいて、たて三角にし、衿の切り込みを入れます。（5ミリくらい）

12 またひらいて、もとの折りにもどし、袖の切り込みを入れます。

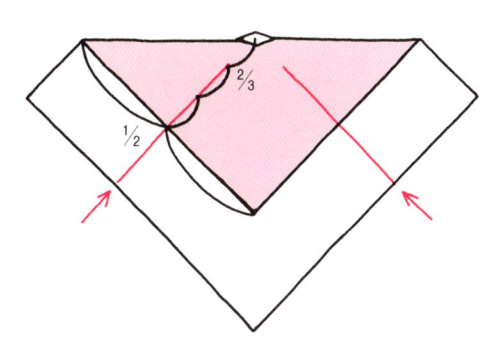

13 次に赤斜線の部分を裁ち落とします。

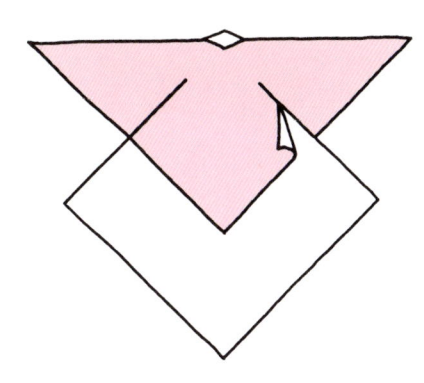

14 頭部
白と黒を重ねて頭部を作ります。後身頃の形が少しちがいますが、作り方は、すわっている官女、女びなと全く同じです。（bをaに合わせて折りめ＝線cをつけ、ひたいの位置とする）

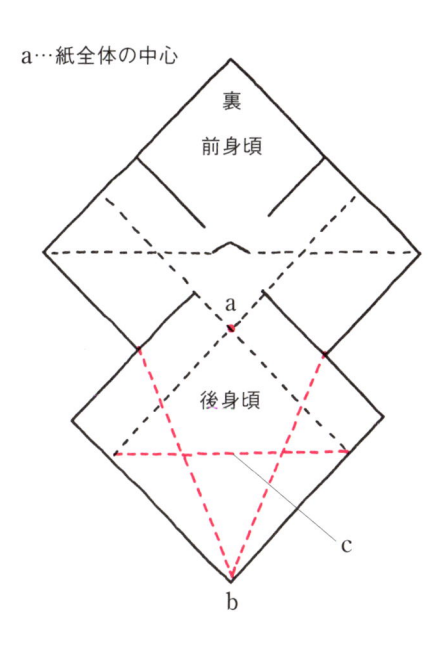

a…紙全体の中心

15 中央に向けて折ります。

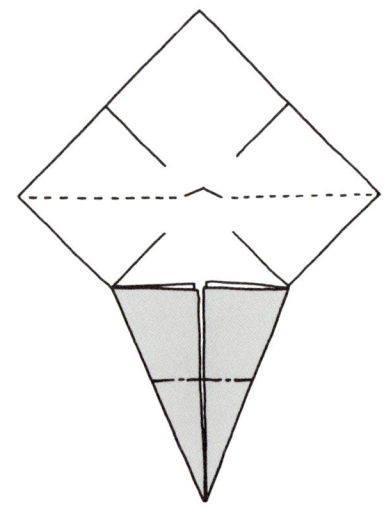

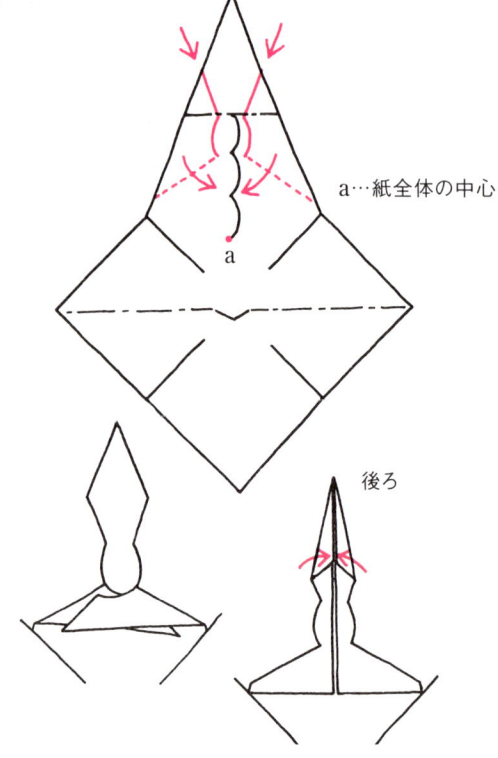

17 黒を2つ折りにして、ひたいの切り込みを入れ、白の顔の先を表からさし込みます。

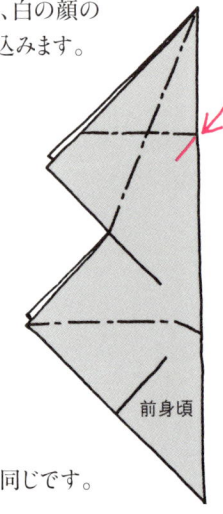

前身頃

16 白だけで顔を作ります。

a…紙全体の中心

後ろ

18 女びな9〜13と同じです。（p.25〜26）

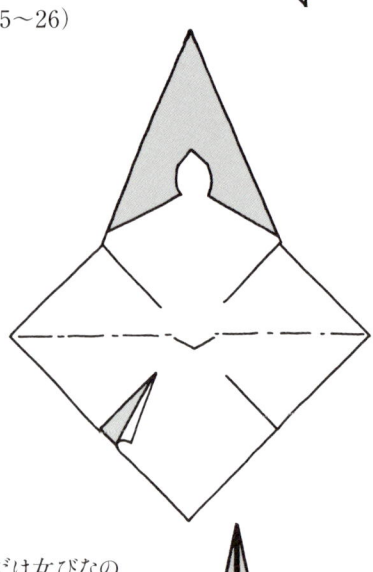

ここだけ女びなの場合とちがって、白・黒いっしょに、後ろへ折ります。

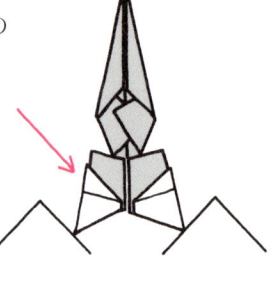

頭の先を衿あきにくぐらせて、頭部が出来上がりました。

〈着付け〉

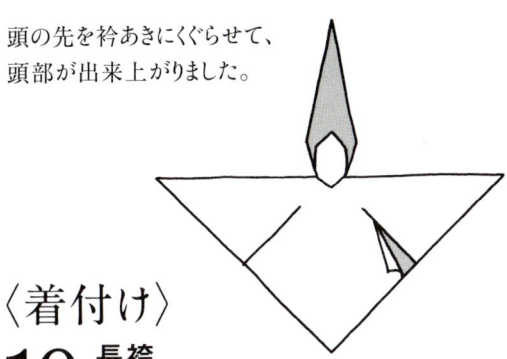

19 長袴

後身頃に、紙の中心までの切り込みを入れ、裏を向けて図のように折ります。

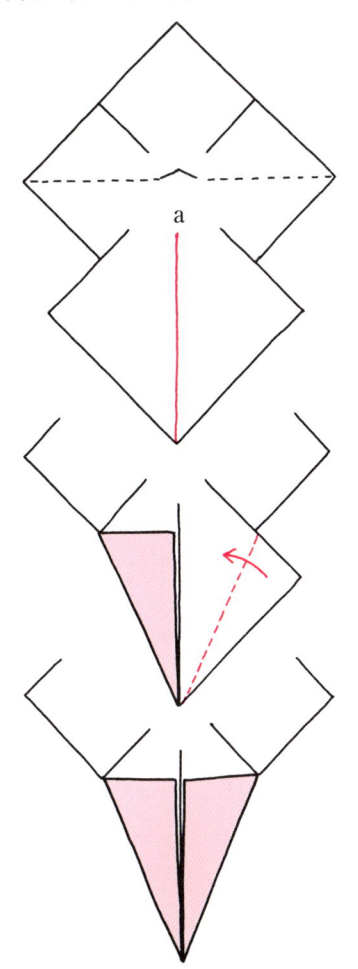

20 後ろを向け、先端をはね上げるように折ります。

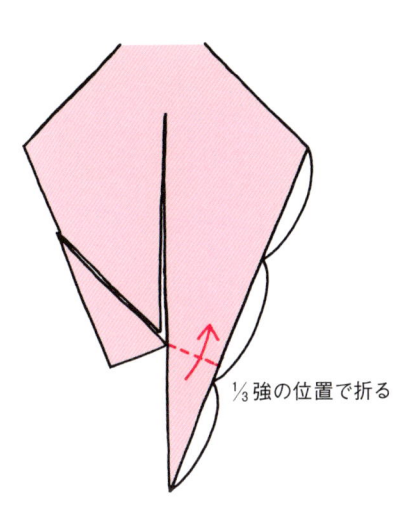

1/3強の位置で折る

21 a-bを結ぶ線で、上の1枚だけを折りひらき、ひらいた先を折り上げます。

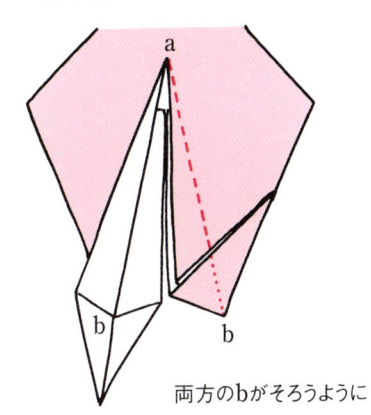

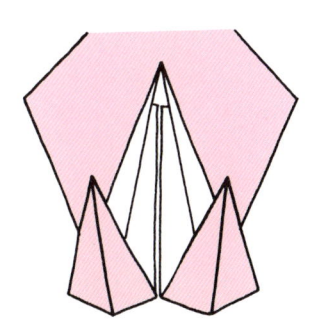

両方のbがそろうように

三人官女 37

22
先を図のようにもう1度下へ折りますと、長袴が出来上がります。

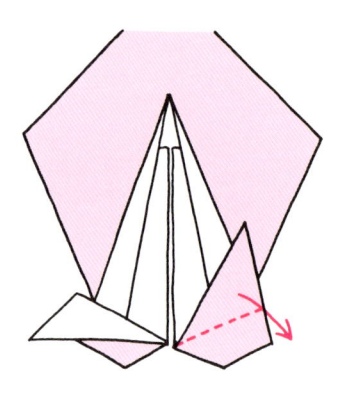

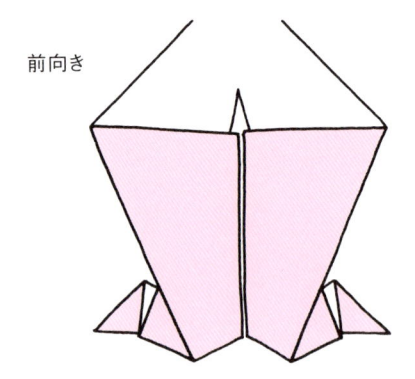

前向き

23
これを着せます。そして前身頃を、袴の中にすっぽりとかくします。

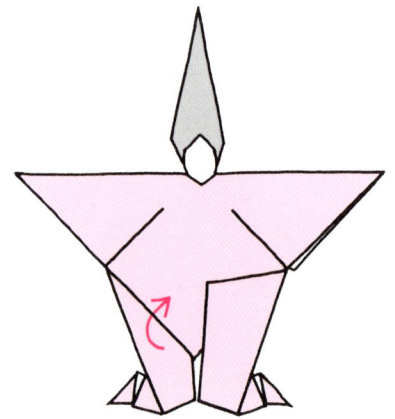

24
袴の両わきを後ろへ折ります。

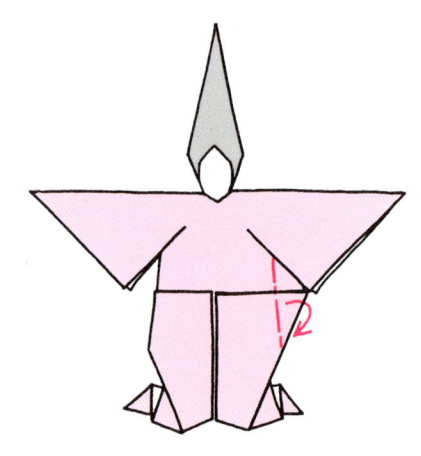

25 上着
裏を向けて衿あきと袖口を折り、前身頃も作ってください。

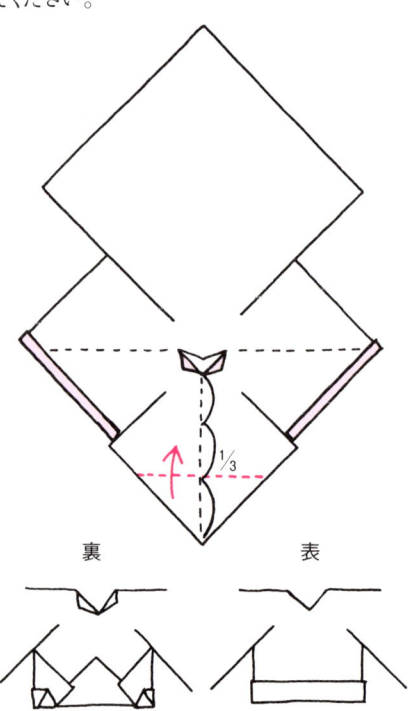

1/3

裏　　　表

26 これを着せます。

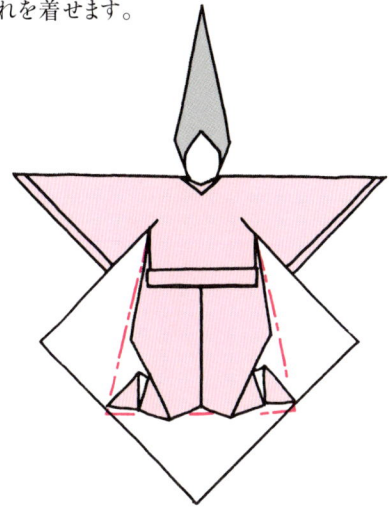

27 上着の後身頃を、だいたい袴の輪郭（上図赤線）に合わせて一度後ろへ折りめをつけ、

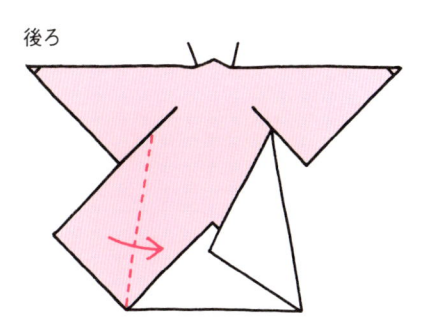

後ろ

その折りめを内側へ折りなおします。

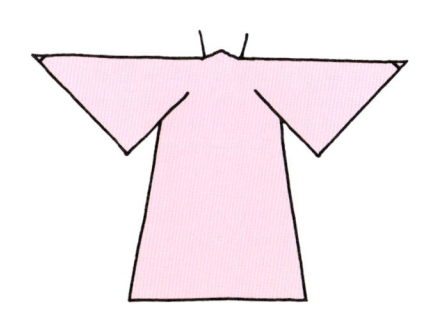

28 頭をおすべらかしの形になおします。

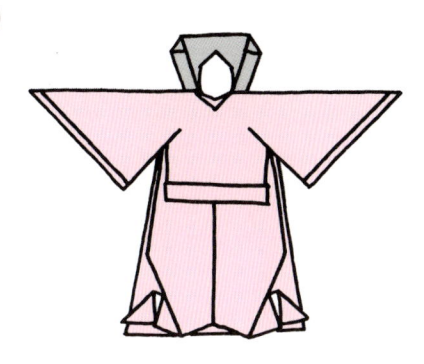

29 すわっている官女と同じように袖を形作りますと出来上がりです。
これと同じものをもう1体作ります。（袖の重なりは逆にします）

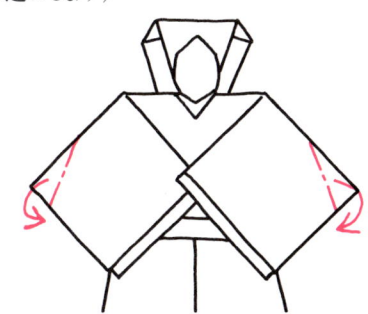

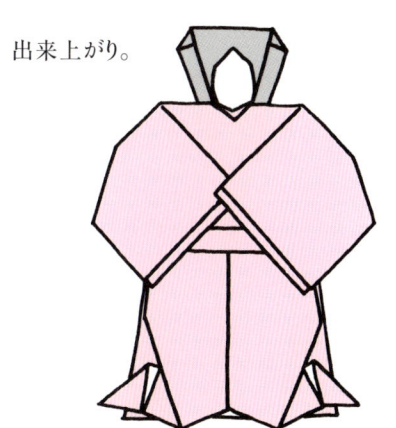

出来上がり。

三人官女 39

五人ばやし

太鼓　　　　　大鼓

小鼓 　　　　　笛　　　　　謡

紙の大きさは官女と同じですが、
白・黒・袴・下着・上着の順に重ねて5枚で折ります。
（袴と上着は同じもようの紙。p.9参照）

謡・笛・太鼓

この3人はすわっているので、
基礎折りA（p.10）をして折りはじめます。

［謡・笛］

1 5枚重ねたまま、すわっている官女と同じように衿あきと袖を切り込み、袖を1割くらい裁ち落とします。（p.32、官女**1,2**）

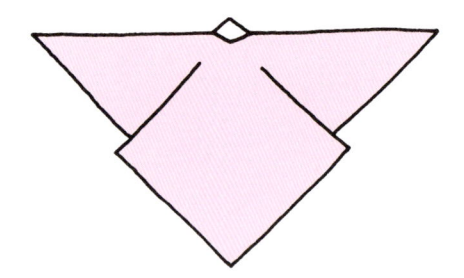

2 白・黒2枚で頭部を作ります。（p.14〜17 男びな**3〜11**参照）男びな**8**のあと、裏の白の三角を下へ折り、左右の黒でつつみます。

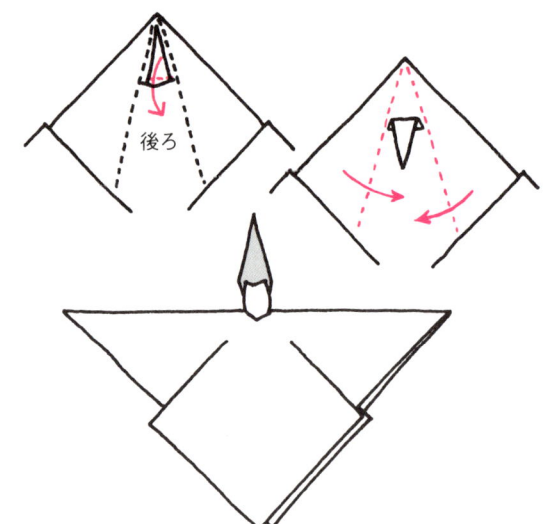

後ろ

3 前身頃の白1枚だけを上へひらいて、黒の両袖をつけ根から切り取ります。

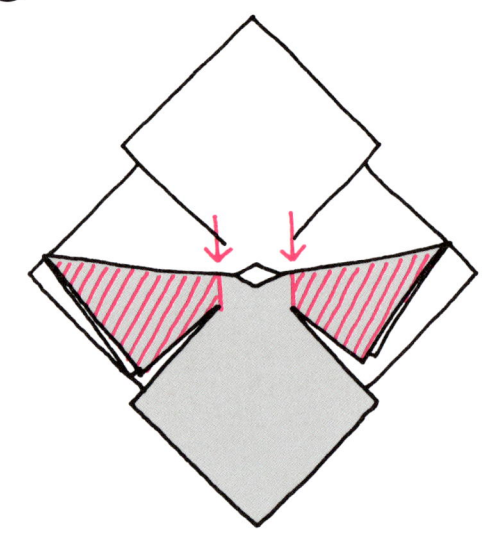

4 白をそれぞれ半分に折ってから、肩線でもとのように折りもどします。これが手になります

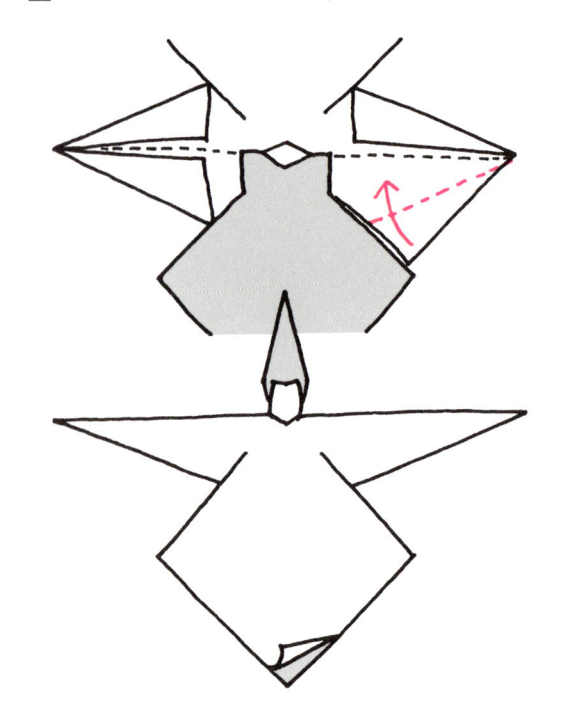

〈着付け〉

5 袴
すわっている形なので、そのまま着せます。

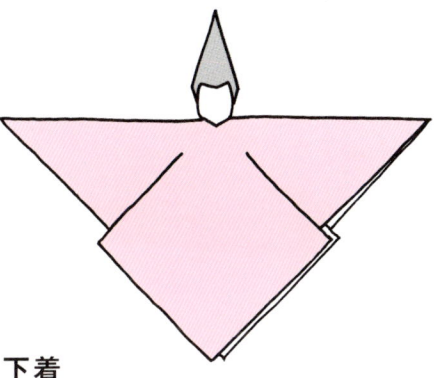

6 下着
衿あき、袖口、前身頃を折り、着せます。（p.33 官女6参照）

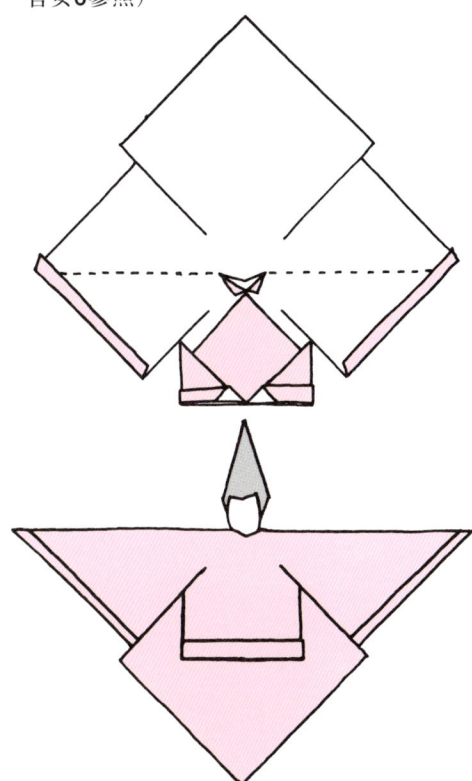

7 上着
袖口の折り返しをしましたら、前身頃の中心線を切り込み、

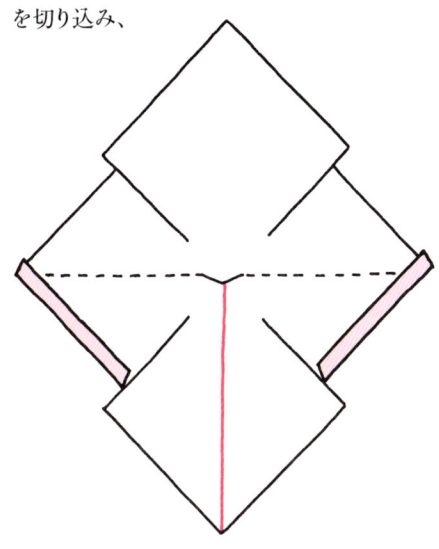

表に返して、衿あきの幅いっぱいに左右に折りひらき、もう一度その半分の幅を折り返します。

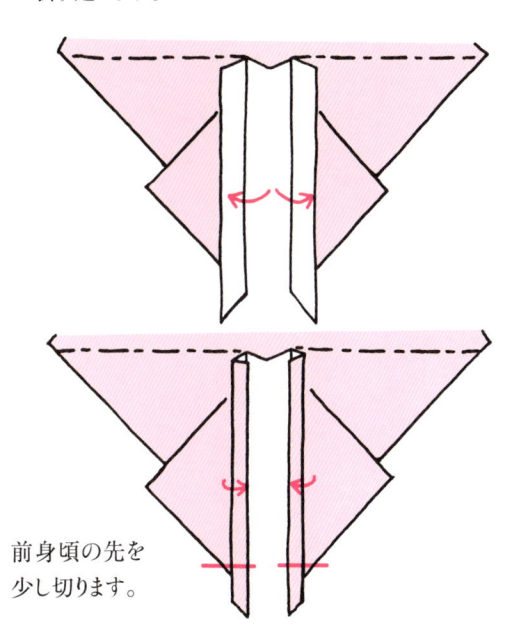

前身頃の先を少し切ります。

8 これを着せましたら、

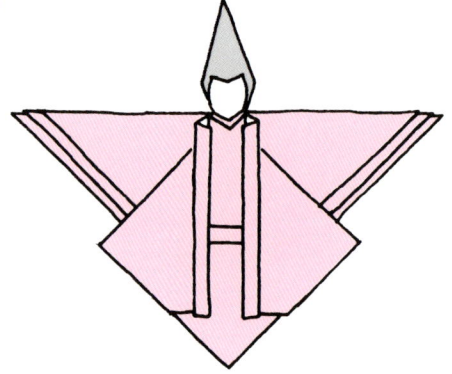

下着の前身頃をつつみ込みます。

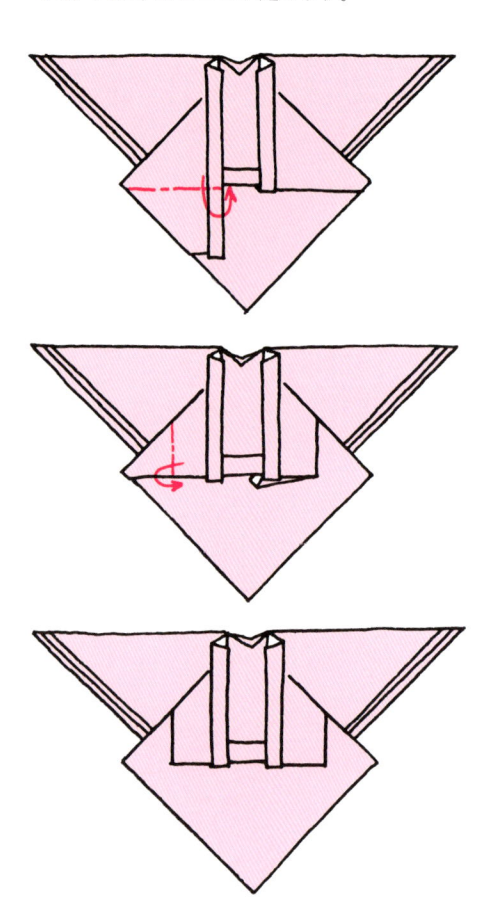

9 裾を前後それぞれ内側へ折り込みます。

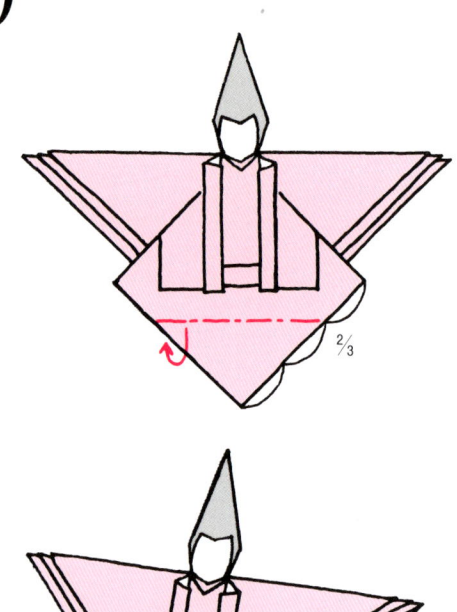

2/3

謡と笛はここまで全く同じですから、
もう1つ作ってください。
袖の形はあとで説明します。

10 [太鼓]

上着だけがちがって、あとは謡や笛のときと同じです。5枚重ねて基礎折りA(p.10)をし、衿と袖の切り込みを入れましたら、上着1枚だけをとりのけて、下着以下4枚はいっしょに袖の断ち落としをします。

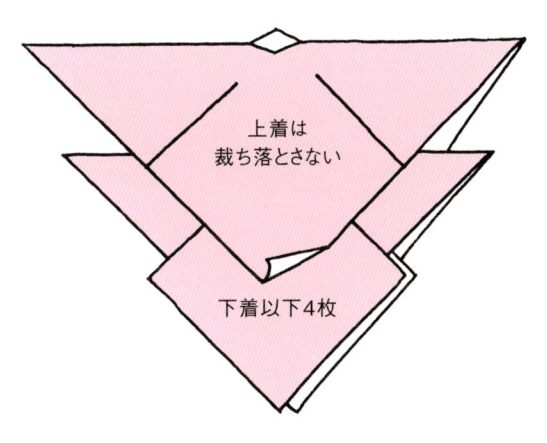

上着は裁ち落とさない

下着以下4枚

11

白と黒で頭部を作り、手を作って、袴と下着を着せるところまで、謡・笛2～6(p.42～43)と同じです。

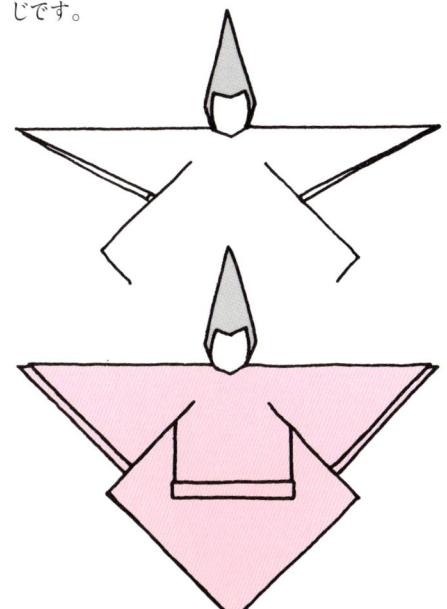

12 上着

前身頃の中心線を切り込み、次に袖のつけ根から肩線へ向けて切り込みを入れます。

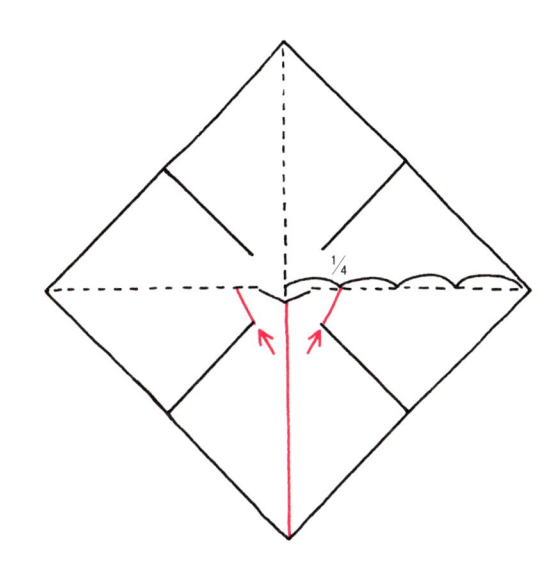

13

裏を向けて、はじめに①線を折り、次に②線をその下へ折り入れます。

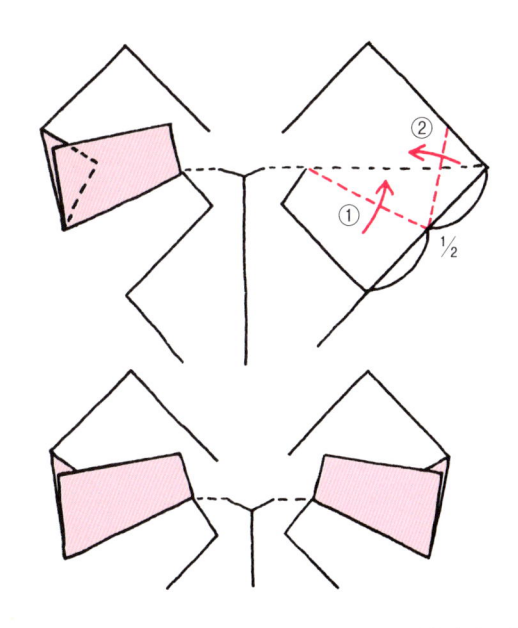

五人ばやし

14
表になおし、前の縦衿を折ります。

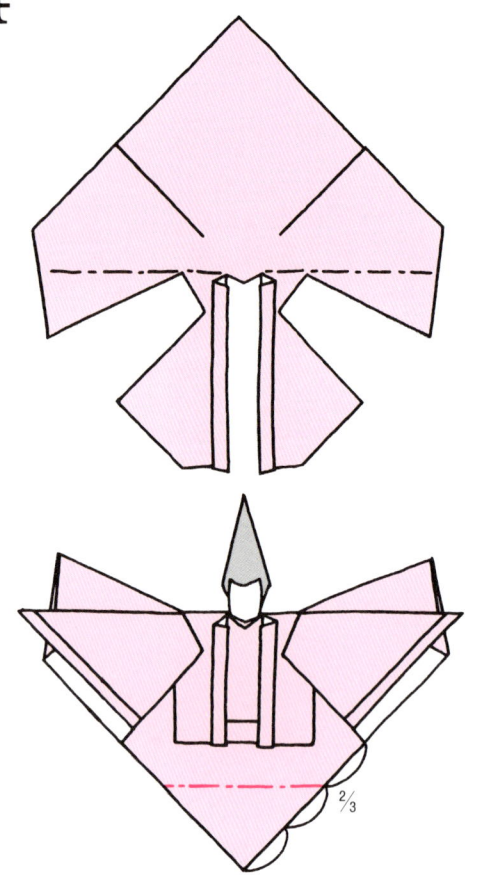

15
これを着せて下着の前身頃をつつみ込み、前後の裾をおのおの内側へ折り込みます。

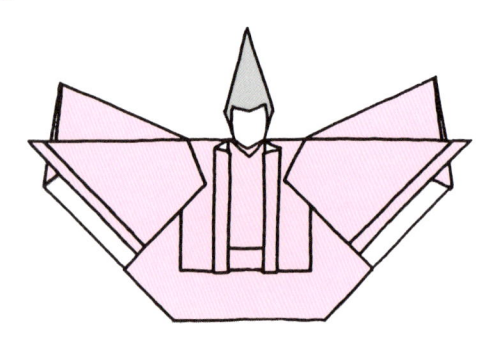

16
後ろを向け、上着の袖を①で上へ折り上げ、②で折り下げます。

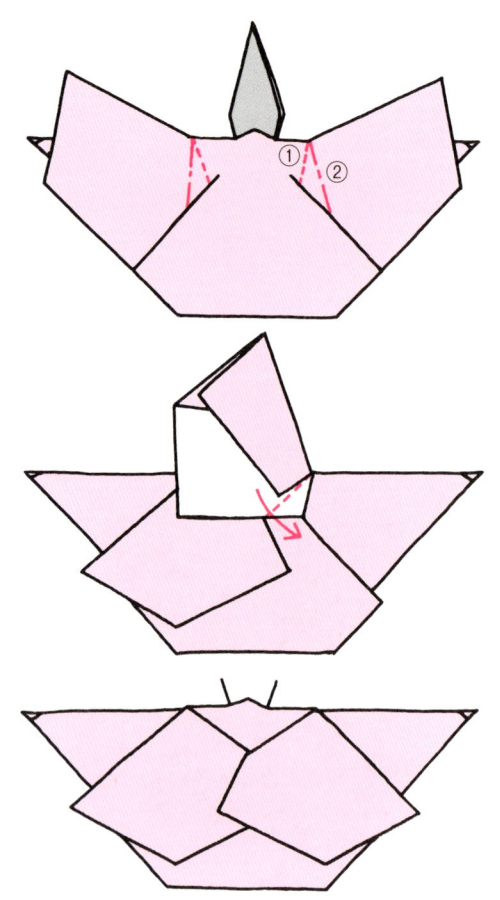

ひたたれの袖を後ろへはねている姿です。

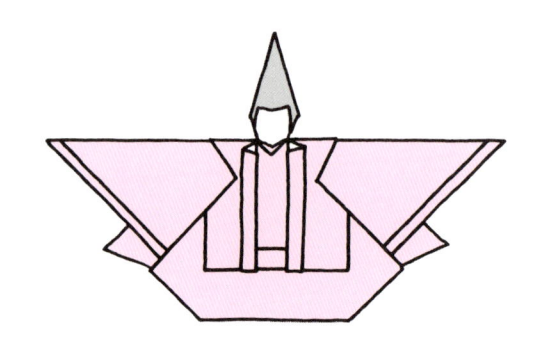

小鼓・大鼓

本当は、かずら桶に腰かけている姿ですが、立っている折り方で作ります。

17 5枚重ねて基礎折りB（p.11）をしたら、官女の**12**（p.35）まで同じです。
衿と袖の切り込みを入れましたら、上着を1枚とりのけてから、袖の断ち落としをします。

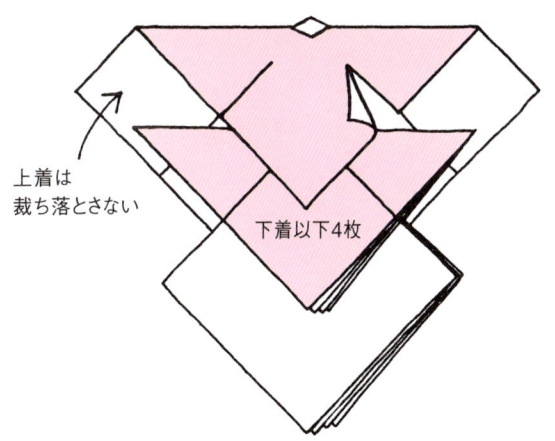

上着は
裁ち落とさない

下着以下4枚

18 頭部
白・黒2枚で作ります。顔の作り方は5人とも同じですが、顔の位置のきめ方は今までの3人とちがいますから注意してください。

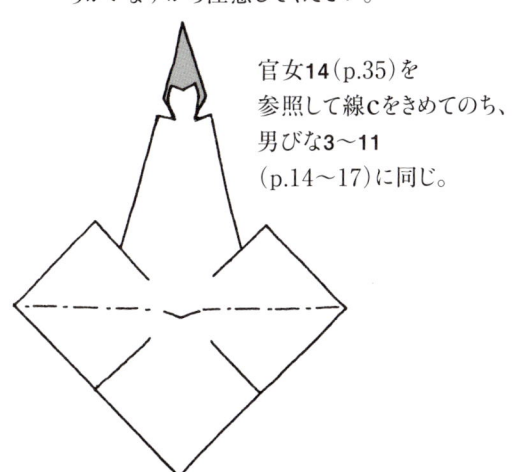

官女**14**（p.35）を参照して線cをきめてのち、男びな**3〜11**（p.14〜17）に同じ。

19 頭の先を衿あきから出して頭部が出来ましたら、両袖の黒を裁ちのぞいて、白で手を折ります。

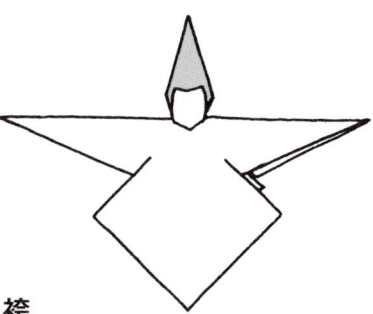

20 長袴
立っている官女の袴と同じです。（p.37〜38 官女**19〜24**）

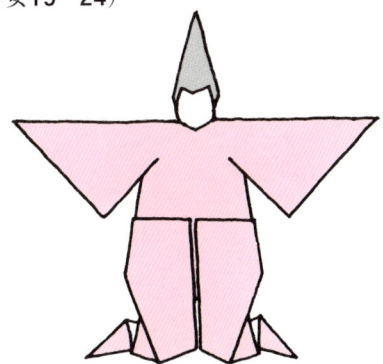

21 下着
これは立っている官女の上着と同じに折って着せます。（p.38〜39 官女**25〜27**）

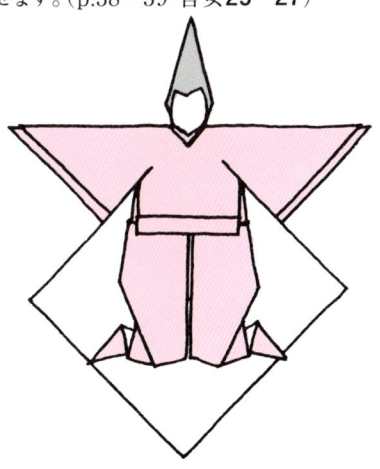

五人ばやし 47

22 上着
赤線に示したように切り込み、袖を折ります。

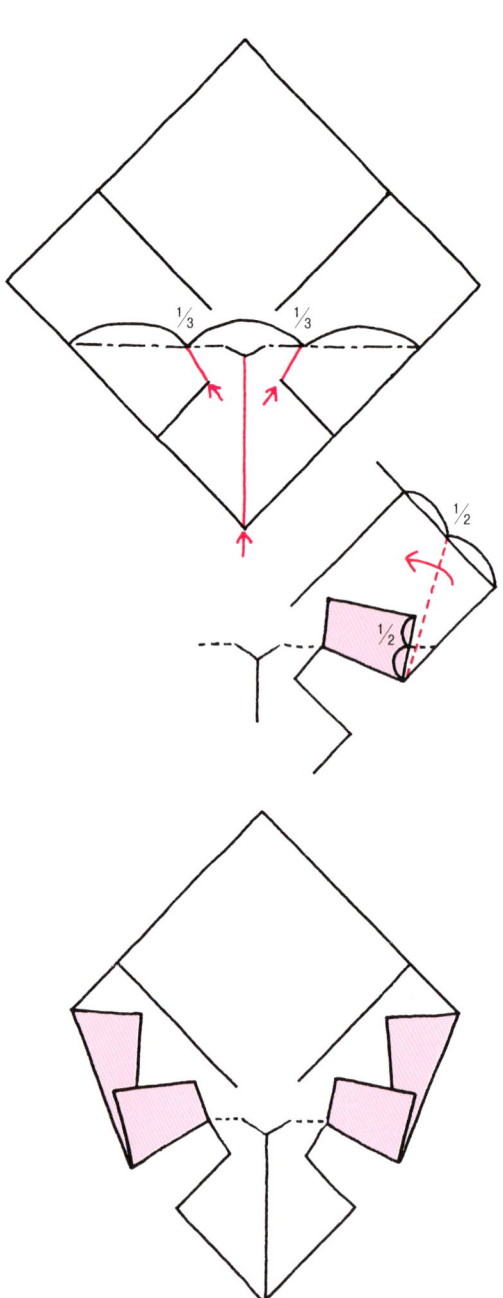

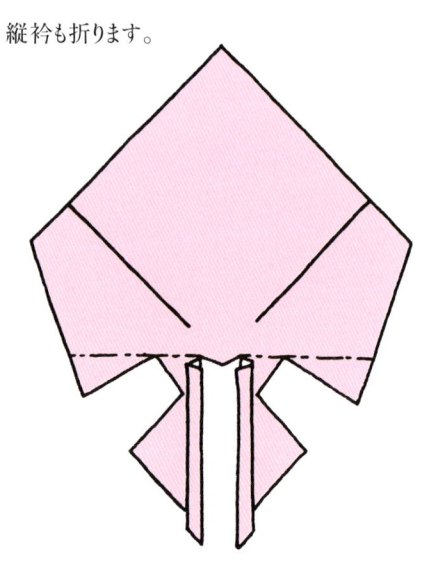

23
縦衿も折ります。

24
これを着せ、前身頃を折り込み、後ろの裾と両わきは、2枚いっしょに折り込みます。

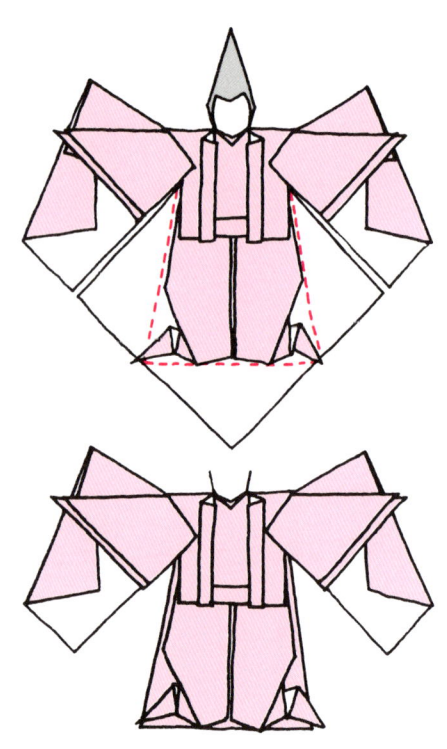

25 後ろを向け、袖をはねた形に折ります。①で折り上げ、②で折り下げます。

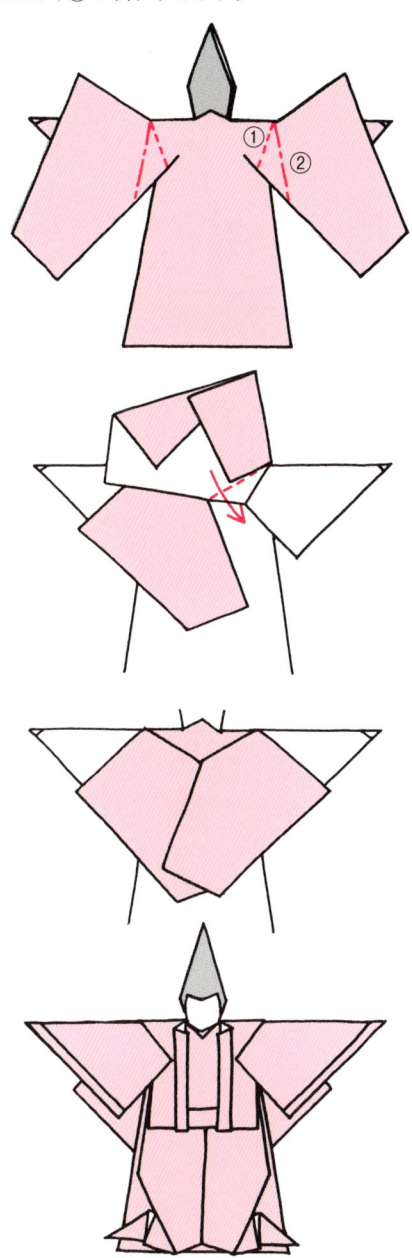

これと同じものを2体作ります。

手と袖の作り方

5人それぞれの働きによって、手と袖の形がちがいますので、それを1つずつ折ります。

[謡]

両手をひざにおいた姿です。
袖のひろげ方は官女9(p.34)と同じやり方ですが、肩幅をやや広くとり、胸で袖が重ならないようにします。
手はだいたいの位置をきめて、伸ばしていったん押さえ、次に袖の中の手を、ピンセットでひだを取り、手先が袖から少しだけのぞくようにして折りつけます。

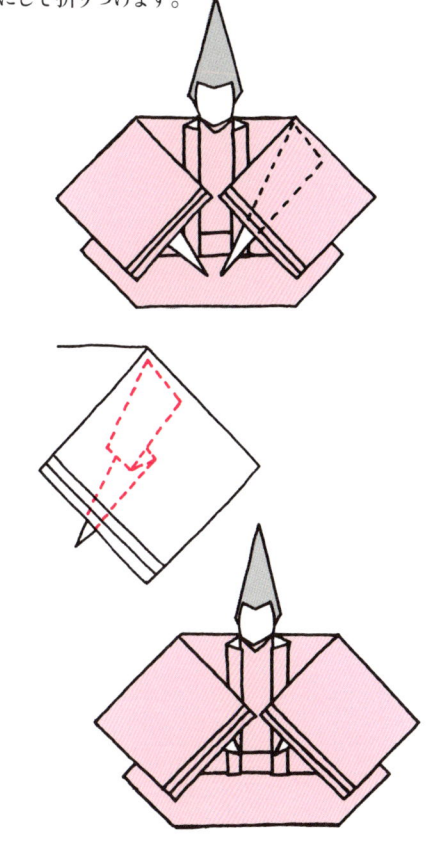

五人ばやし 49

［笛］

横笛を吹いている姿です。
袖先を顔へ持って行き、肩に折りめをつけ、そこを頂点として袖をひらき、手先を作ります。袖口の裏が出るようでしたら中へ折り込みます。

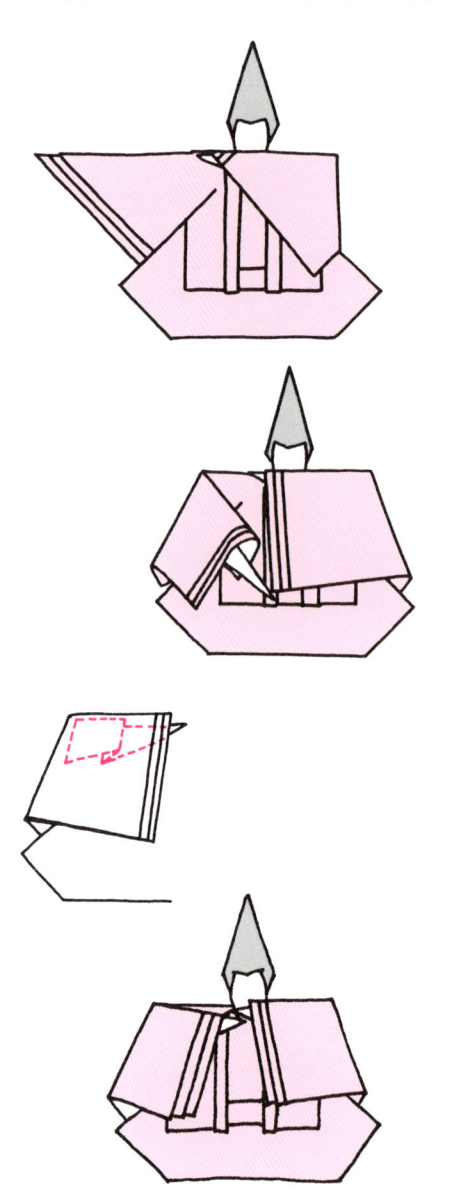

［小鼓］

かずら桶に腰をかけ、左手で小鼓を肩に持ち、右手で打ち上げる姿です。
向かって右の袖を肩に平行に、左を斜め前へ折りめをつけてから袖を折りひらき、手を短くします。次に赤線に示したように①②の順で後ろへ折り込んで、袖の形を小さくします。

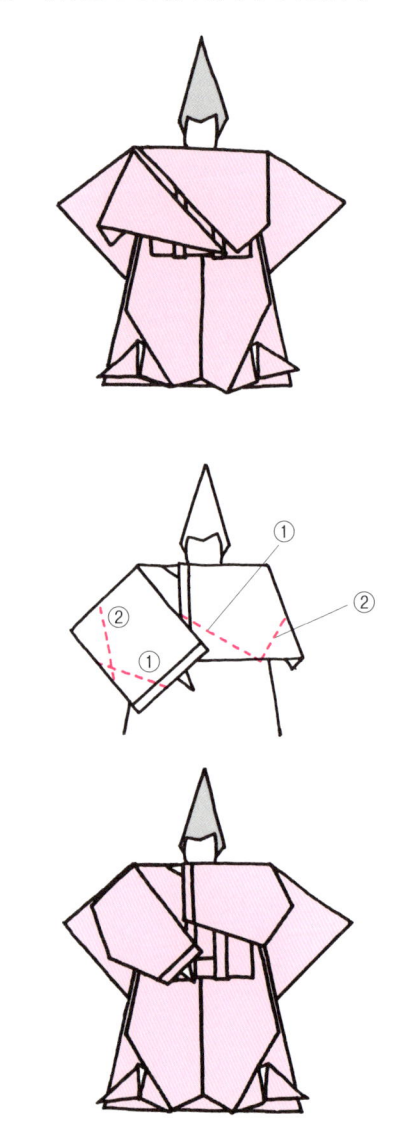

[大鼓]

腰かけて、左わきに大鼓をかかえ、右手で打つ姿です。
向かって右の袖をわきに、左を斜め前に持って行き、袖の形をつけます。手を短くしてから同じように袖を小さく折ります。

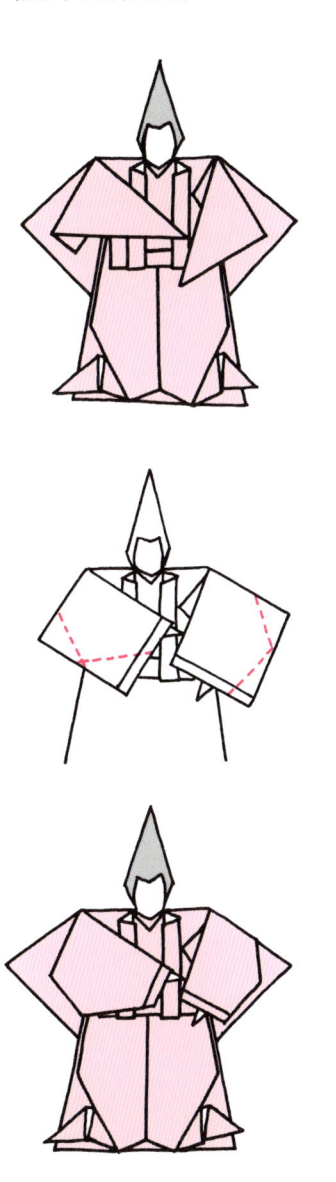

[太鼓]

両手で太鼓をはやしている姿です。
両袖が前で交わるように折りめをつけ、袖をひらくときに少し上下をつけて折りつけます。手を短くし、袖を小さく折ります。

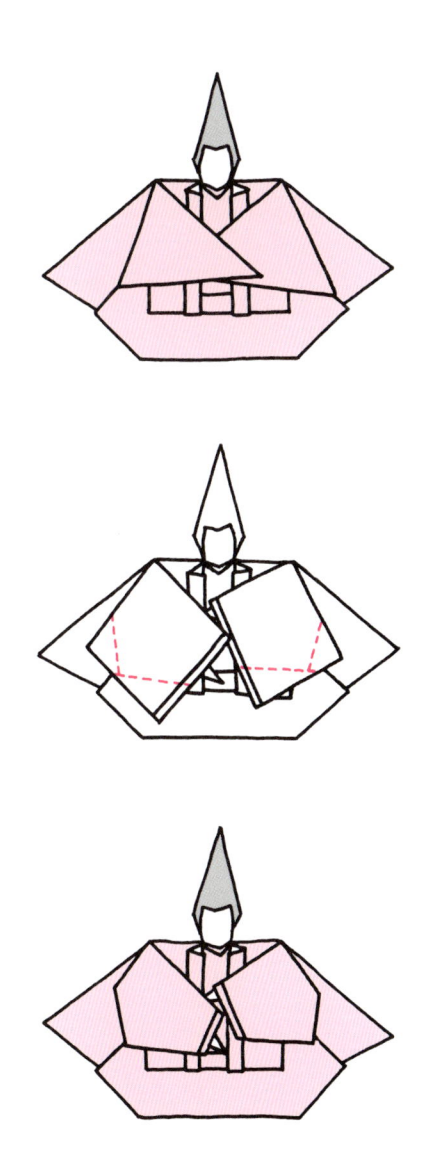

五人ばやし 51

烏帽子(えぼし)

5人そろって、烏帽子をつけています。

1 後ろを向け、図の位置で、上の1枚だけに切り込みを入れ、それをひらきます。

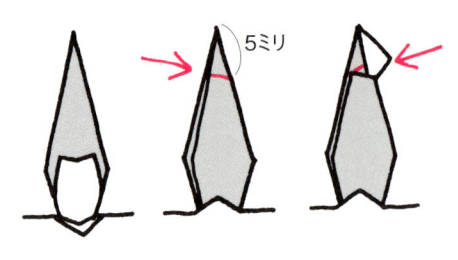

5ミリ

2 もう一方も同じにしたら、大体図の位置で後ろへ折ります。

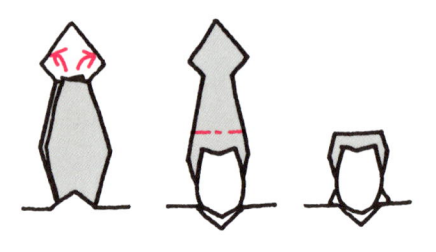

3 次に先の部分を折り上げて出来上がり。

後ろ

そえがき

● 男びな、女びな、三人官女、五人ばやしと、それぞれ顔の型を厚紙で作っておくと便利です。男びなと女びなの顔は、つり合いを考えて女びなの方を小さくしてください。
はじめての方は、最初に顔の部分を、別に白黒2枚の紙を用意して練習してくださるとよいと思います。

● 衿あきは大きくならないように注意します。もし小さすぎて頭部が通らないときは、肩の折り山にそって左右にわずか、はさみを入れてください。

● 全部折りましたら、重い本などでおしをしてください。形がきちっとおさまります。

● 裾を前後にひらき、内側に折り込んだ三角をたおすと、立体感が出てしっかりと立ちます。

● 長い間並べておいて、乾燥のため紙がそってくるようでしたら、再びおしをしますと、もとのようにきれいに形が整います。

● 男びな女びなの並べ方は、我が国で古来、左を尊び(向ってではなく貴人本位で)、したがって男びなは左(向って右)、女びなは右(向って左)に並べていたと思われます。内裏(だいり)さまの段かざりのもとは、天皇皇后の紫宸殿(ししんでん)での南庭(なんてい)に面しての御着座の模様をまねたものです。左(東)が上位、右(西)が下位、左大臣右大臣、左近の桜右近の橘(たちばな)もこれに準じています。私個人としては昔通りに並べます。

たとう

53

贈りものにするとき、たとうに入れて
さし上げるときれいです。
この本の10人揃えを入れるには、35～40センチ
四方くらいの紙が必要です。配色のよい
千代紙2枚を外表に合わせて、いっしょに折ります。

1 対角線に折りめをつけ、

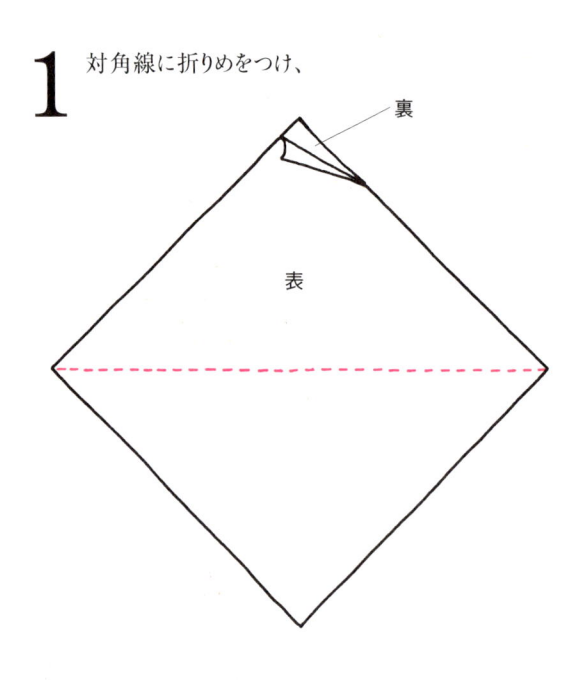

裏

表

図のように折ります。

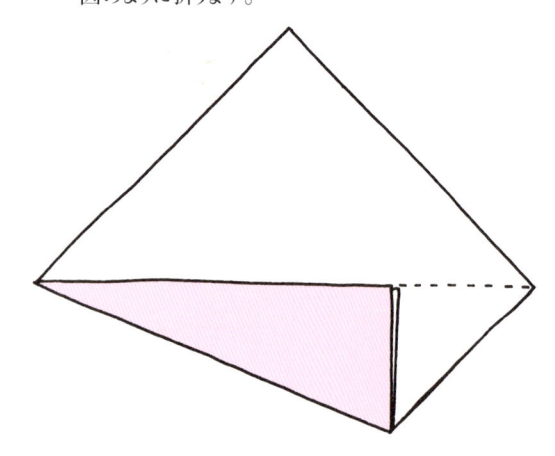

2 いったんひらいて、また折ります。

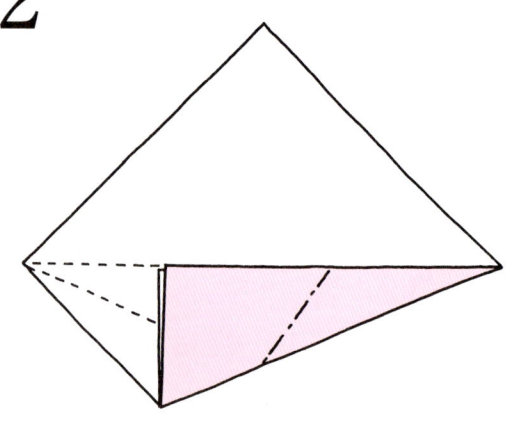

上下とも折ると、このような折りめがつきます。

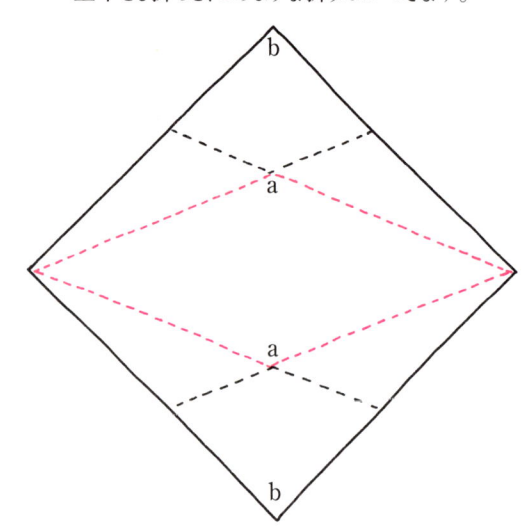

3 上の赤線を折り、aを角にし、bを起こして折りたたみます。

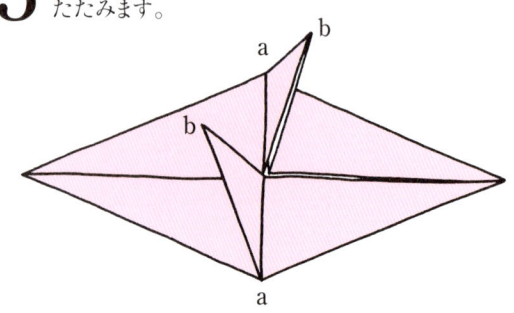

4 bを一方へたおし、bの先へcを合わせて、図のように折りめをつけます。

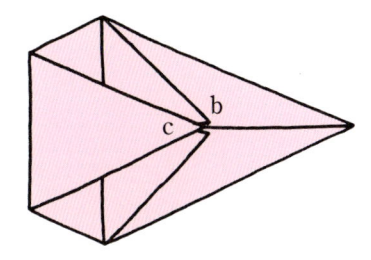

5 その折りめをまたもどし、赤点線を、上の2枚だけ折りひらいて、たたみます。

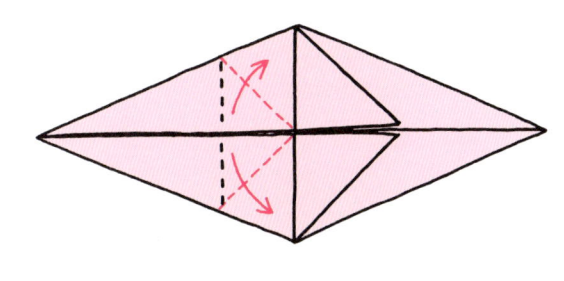

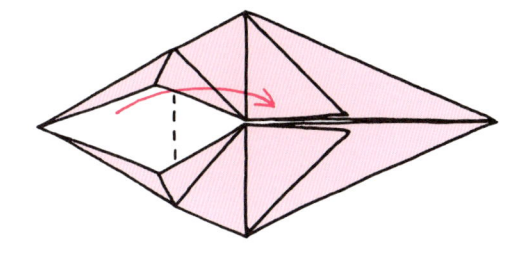

三角を2枚、赤線で折り返します。

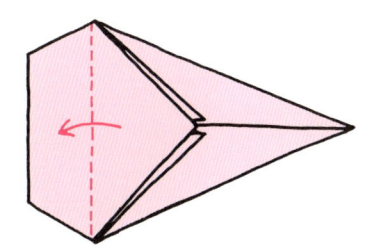

6 bを反対側へたおします。

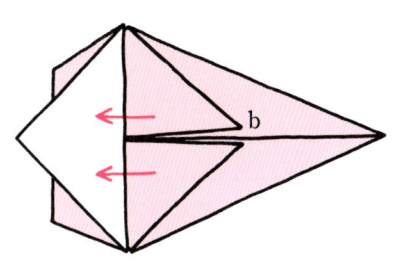

7 こちらもさっきと全く同様です。cをbの先に合わせて折りめをつけ、いったんもどして赤点線をひらき、折りたたみます。

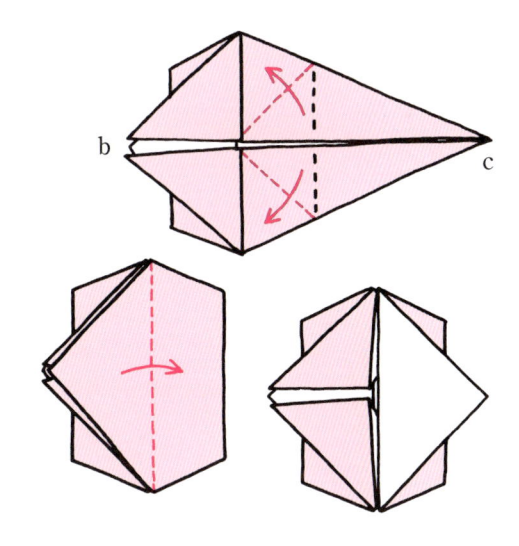

8 一方のbを起こして、中に指を入れてひらき、折りつけてから、先端の小さい三角の部分を折り返します。もう一方のbも同様にします。

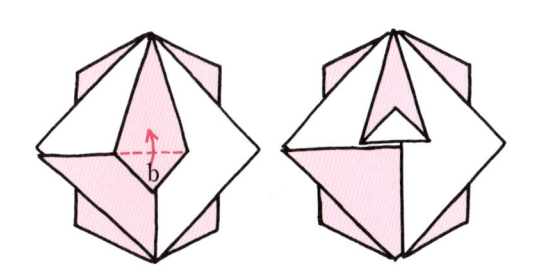

55

9 これで出来ました。

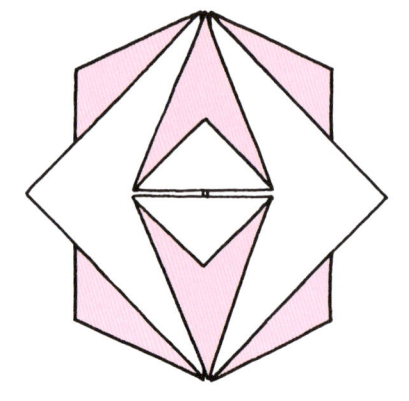

左右に引っぱると、ひらきます。
中に10人、きれいに並べて入れてください。
たたむときは、片方ずつおさえると、
じょうずにたためます。

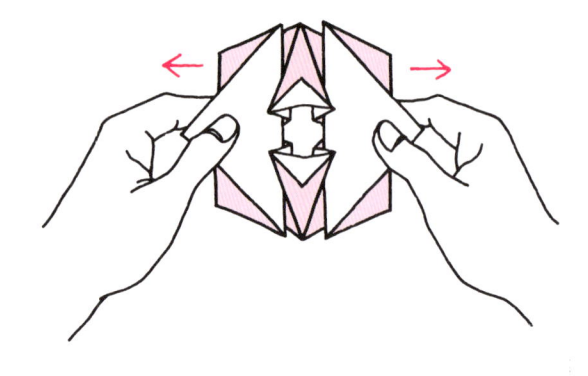

10人揃えをたとうに入れて、人様に
さし上げるとき、小さい紙片に下記を書いて、
たとうの底にいっしょに入れておきます。

折り紙ひな

◇ 内裏（女びな・男びな）
◇ 三人官女
◇ 五人ばやし
　（太鼓・大鼓・小鼓・笛・謡）

裾を前後にひらくと立ちます。
紙がそってきましたら、本などで
おしをしておきますと、
形が元通り整います。

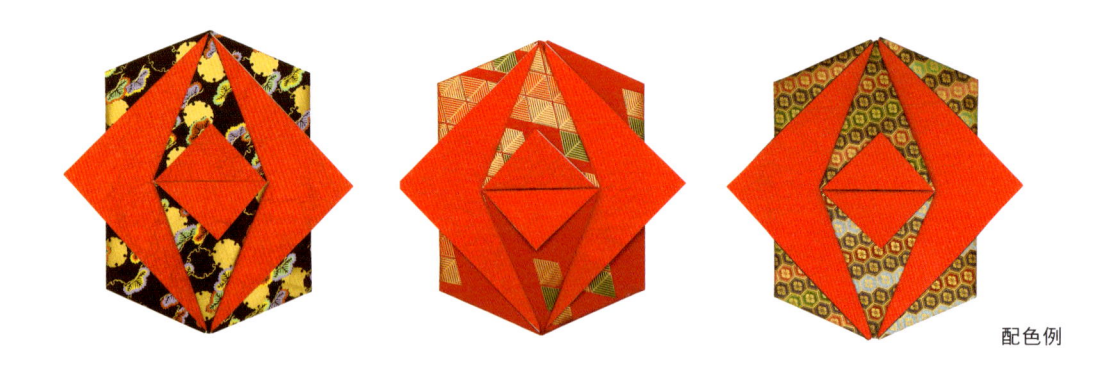

配色例

あとがき　田中サタ

　この本ははじめ石井桃子先生のおすすめもあり、私自身も多くの方たちに、このかわいらしいおひなさまを折っていただきたいとの念願から書いたものです。

　私はこの折りひなの折り方を、今は故人となられた武藤喜邦(よしくに)先生から教えていただきました。先生もまた、折り紙の名手だった故嵯(さが)峨千代氏から伝授されたものだとおっしゃっていましたが、創案者は不明だとのことでした。日本の折り紙は、そのほとんどが創案者はわからぬままに代々伝承して折りつがれ、今日に及んでいるものだと思います。

　さて、折り方を本にして著わすということはなかなか面倒で、私も教わった記憶をたどりながらも、わかりにくいところや不備な点が出てきたりしましたので、私なりの工夫を随所に加えて、どなたでも折れるようにと苦心しました。紙で折るために必然的に抽象化されますが、おひなさまとしての美しさ正しさ単純さを可能なかぎり表現するように努めました。正方形の紙を重ねて折り、切り込みを入れながら、だんだんにおひなさまの姿をこしらえていきますから、絵画的要素もあり、また折り上がりが、立ちますから立体感もあります。

　和紙は世界に誇りうる良質の紙ですが、この和紙を用いて、儀式用や器物に添える包み紙などを、生活に即した実用から美しく折るということは古くから行なわれていたようです。またこれとは別に、たのしい遊戯として、和紙でいろいろの物の形を折る（私たちが折り紙と呼んでいる）ことも行なわれていて、江戸文化の盛んだったころには、婦女子の手すさびばかりでなく、おとなの間でも趣味家や愛好者が手のこんだものを創作して、人物鳥獣虫魚に至るまで精巧な形を折り上げたということです。この折りびなも、そのようなおとなの着想になったものだと思います。そしてこれは単に折り紙のおもしろさということより、まず、おひなさまを折るというところに、現在も私たちに特別の興味と親愛感をいだかせるものがあるのだと思います。

　おひなさまは高貴な装いをした男女一対の人形として、江戸時代の初期ごろ（17世紀はじめ）には、すでに上層階級でひなあそびとして愛がんされてい

たようですが、一般社会で、3月3日がひなの日として確定したと思える延宝以後からは（17世紀後半から18世紀中頃にかけて）年を追うてひなまつりが盛んになりました。おひなさまもそれにともなって、優雅な形の整った姿になり、今日遺存されている古いものでは、寛永雛・元禄雛など古様なものにつづいて、次郎左エ門雛・享保雛・高倉雛・古今雛など、それぞれの顔かたちや装束に特長をもった美しい男びな女びなが続々と現われました。18世紀末から19世紀はじめにかけての江戸文化の爛熟期には、ひなかざりもますます盛大となり、西の京阪と東の江戸ではその趣きを多少異にしていたとはいえ、男びな女びなに五人ばやしが加わり、つづいて三人官女随身仕丁とにぎやかになっていきました。調度品もはじめは簡単なものだったのが、漸次数多く精巧でぜいたくな細工のものが作られるようになり、江戸末期には今日のひな段飾りの形式ができたといいます。また京都や江戸のような都市ばかりでなく、手のこんだおひなさまの入手困難な地方でも、津々浦々に至るまでその土地にある材料を用いて、土や木や紙で素朴なおひなさまを作っています。いかに人々がおひなさまに愛着心をよせていたかを想像することができます。

　ふりかえって、おひなさまは永い歴史を持っています。古く平安時代のころからあった天児や婢子という、子どもの幸福と身の安全を願ってお祓や厄除けの祈りをおわされた人形と、もう一つ同じころの源氏物語などの物語とか草紙類にみえる、ひいなあそびの小さなもてあそび人形との二つが、長い歳月の間に結び合って発展したものが立雛となり、すすんで座雛となりました。ですからおひなさまは、遠い昔から今日まで、私たち日本女性の心と身に結びついた大切なお人形です。代々母から娘に受け継がれた親子の愛情のつながりの宝物なのです。また同時に、おひなさまは万人の心を和らげる平和の人形です。人の世が荒れすさむ時、おひなさまはかえりみられなくなり投げ捨てられる運命を帯びています。私はいつまでもおひなさまを愛しつづけたいと願うものです。

新版へのあとがき

　手仕事が好きで凝り性だった義母田中サタは、昔覚えた和紙で作るこのかわいらしいおひなさまが、とてもお気に入りで、せっせと作っては友人に差し上げていました。同時に、もっと皆にも自分で作って楽しんでほしいという思いを強く持っていたようです。

　そこへ、石井桃子先生監修、福音館書店発行で作り方の本を出すといううれしいお話が持ち上がり、誕生したのが初版『折りびな』でした。1969年春のことです。

　発行後は福音館書店主催の折りびな講習会がたびたび開催され、田中と共に講師としてずい分いろいろなところへお招きを頂いたものです。おかげさまで広く、多くの方々にこのひなを知って頂くこととなり、田中も本当に喜んでおりました。

　やがて年月が経ち、ひとまず絶版ということになった時、ご好意で版をそのまま使わせて頂いて、自費出版に切り替え、続けることになりました。1982年でした。

　その際、田中の希望で兄嫁の三水比文にも加わってもらい、「三人会」発行という形にしました。年と共に病気がちとなった田中にかわり、若手（？）の嫁2人で講習会、実演販売、雑誌取材などを忙しくこなしました。国内はもとより、ファンの方々によって海外へも広まり、最近では若いお母さん方にも愛好者が増えて来たことは、大きな喜びでした。

　田中は2003年に97歳で亡くなり、私達もいつ迄続けてゆけるかしらと時々話すようになっておりました折、思いがけず福音館書店から再版のお話を頂いたのでした。先行き少々不安に思っていた私共にとってこれはありがたいお話で、田中もきっと喜んでくれるはずと、お受けすることになった次第です。

　これでこの「折りびな」がこの後も世に残り続け、より広く、多くの方に知って頂く道が開けたわけで、私共はとてもうれしく、そして安堵しております。

　これからもこの小さな紙のおひなさまが、皆さまご自身の手から生まれ、子どもたちを喜ばせ、友人を驚かせますように、そして、こんなささやかな楽しみが許される平和な世の中であり続けますようにと願わずにはいられません。
　　　　　　　　　　　　　　　　　　　　　2012年12月　真田ふさえ

田中サタ（たなかさた）
1906年京都に生まれる。
1927年京都府立第一高等女学校国語漢文専攻科卒業。
2003年没。

真田ふさえ（さなだふさえ）
1939年東京に生まれる。
1963年武蔵野美術学校（現武蔵野美術大学）卒業。

三水比文（さみずひふみ）
1938年東京に生まれる。
1958年東京女子体育短期大学卒業。

折り紙の個別販売は諸般の事情をもちまして
2021年7月をもって終了させていただきます。

第7刷より、とじ込みの折り紙を変更させていただきました。

真田ふさえさんより
「折りびなを折る紙は、添付のものや本文の写真にこだわらず、
お好きなものでどうぞ。
ただ、できれば、和紙という点にはこだわりたいです。
なぜなら、和紙は強いから。多少なら折り間違えても、
もとに戻りますし、何枚も重ねて折る箇所でも破れずに耐えられるんです。
和紙の折り紙は、折り紙専門店やデパート、
雑貨店などで手に入ると思いますよ。
もし、正統的なひなを折りたい方は、おひなさまは平安時代の
御所の様子を模していることを考えに入れて選ぶといいと思います。
着物の柄にも様々な文化や歴史が反映されていますから、
調べてみるのもおもしろいと思います。
とはいえ、正しいか正しくないかを気にするよりも、
どうか、ご自分の感性でおひなさま作りを
楽しんでいただけたらうれしいです」
　　　　　　　　　　　　　　　　　　2021年3月

新版　折りびな
著者　田中サタ　画家　真田ふさえ
2012年12月20日　初版発行
2021年5月1日　第7刷

発行　株式会社　福音館書店
〒113-8686　東京都文京区本駒込6-6-3
電話　営業（03）3942-1226／編集（03）3942-2084
https://www.fukuinkan.co.jp
印刷・製本　三美印刷
NDC754　60p　22×19cm
ISBN978-4-8340-2767-9

LET'S MAKE PAPER DOLLS
FOR JAPANESE GIRL'S FESTIVAL — New Edition
Text by Sata Tanaka ©Hiroshi Sanada 1969
Illustrations ©Fusae Sanada 1969
Published by Fukuinkan Shoten Publishers, Inc.,Tokyo, 2012
Printed in Japan

乱丁・落丁本は小社出版部宛ご送付ください。
送料小社負担にてお取り替えいたします。
この作品を許可なく転載・上演・配信等しないでください。